PLAGWITZ 1930

Plagwitz

Ein Leipziger Ortsteil
auf alten Ansichtskarten

Herausgegeben vom Pro Leipzig e.V.

Gruß aus Plagwitz, gelaufen 1902

Wilfried Grylla / Thomas Nabert

Plagwitz

Ein Leipziger Ortsteil auf alten Ansichtskarten

PRO LEIPZIG 2022

Verwendete Literatur

Arendt, Christine, Nabert, Thomas: Kleinzschocher. Ein Leipziger Ortsteil auf alten Ansichtskarten, hrsg. vom Pro Leipzig e.V., Leipzig 2011

Böhme, Heinz-Jürgen und Clemens, Günter: Bilderbogen. Leipziger Ansichtskartenserien von 1895 bis 1945, Leipzig 2010

Brauerei C. W. Naumann Aktiengesellschaft in Leipzig-Plagwitz. 1828–1928 zum hundertjährigen Bestehen von Carl W. Naumann, Leipzig 1928

Buhl, Julia Susann: Studie zur Industriearchitektur in Leipzig Plagwitz 1870–1914 am Beispiel ausgewählter Bauten, Diss. Berlin 2003

Carl Ernst Mey und die Deutsche Celluloid-Fabrik Actiengesellschaft. Ein Weltmann in Plagwitz und Schleußig, Text von Otto Werner Förster, hrsg. von Hans-Joachim Wolf, Leipzig 1999

Dreyer, Klaus: Die Geschichte der BBG. Von Rudolph Sack bis Amazone, Frankfurt a. M. 2008

Grylla, Wilfried, Nabert, Thomas: Lindenau. Ein Leipziger Stadtteil auf alten Ansichtskarten, hrsg. vom Pro Leipzig e.V., Leipzig 2015

Grylla, Wilfried, Helbig, Peter, Nabert, Thomas: Schleußig. Ein Leipziger Ortsteil auf alten Ansichtskarten, hrsg. vom Pro Leipzig e.V., Leipzig 2022

Haikal, Mustafa: Gute Geschäfte. Die Geschichte der Leipziger Konsumgenossenschaft, Leipzig 2009

Koch, Theodor: Leipziger Westend-Baugesellschaft. Leipzig 1888–1938, Leipzig 1938

Krüger, Ulrich: Carl Heine. Der Mann, der Leipzig zur Industriestadt machte, Erfurt 2008

Leipziger Adressbuch, Jahresausgaben 1860–1949

Im Leipziger Elsterland. Von Plagwitz bis Hartmannsdorf, hrsg. vom Pro Leipzig e.V., Leipzig 1997

Plagwitz. Eine historische und städtebauliche Studie, hrsg. vom Pro Leipzig e.V., Leipzig 2008

Plagwitz. Ein Leipziger Stadtteil im Wandel, hrsg. vom Pro Leipzig e.V., Leipzig 1999

Riedel, F.W.E.: Eigenheimbauten des Architekten F.W. Ernst Riedel in Leipzig-Schleußig, Leipzig 1915

Riedel, Horst: Plagwitz. Ein Leipziger Stadtteillexikon, hrsg. vom Pro Leipzig e.V., Leipzig 2016

Sturm, Wolfram: Das schiffbare Leipzig. Träume, Pläne und Realitäten aus vier Jahrhunderten, hrsg. vom Pro Leipzig e.V., 2. Auflage, Leipzig 2017

Voigt, Heinz: Eine Wanderung durch Leipzig-Plagwitz, Hrsg. vom Sächsischen Wirtschaftsarchiv e.V. in Zusammenarbeit mit dem Geschichtsverein Leipzig e.V., Baalsdorf 1997

Wanderung entlang der Verbindungsbahn Connewitz–Plagwitz, Texte von Anne Tienelt, Frank Baacke, Leipzig 2015

Weil, Bettina: Leipziger Brücken, Teil 2, Leipzig 2008

Verzeichnis der Leihgeber und Bildquellen

Archiv Pro Leipzig: Karte Vorsatz, 25, 122u., 149u.l., 161u., 163u., 166o., 167u., 171M.u.u.;
Markus Burghardt: Karte Nachsatz;
Dr. Thomas Nabert: 39u.l., 139u.l. (Repros);
Sammlung Hannes Bachmann: 2, 8, 9u., 11, 16, 18u., 23o., 29o., 30, 37o., 38, 42, 43u., 46u., 52o., 56, 58u., 62, 63u., 65o., 66o., 70u., 71o.r., 72u., 74M., 83o., 87u., 90o., 92u., 94u., 96, 98, 101o., 103u., 118–120, 121o., 122M., 124, 125, 126o., 127o., 158o.;
Sammlung Karsten Brösel: 17o., 24r., 40u., 75o.;
Sammlung Günter Clemens: 142u., 143u.;
Sammlung Frank Gaitzsch: 10, 12, 21u., 22o., 23u., 28u., 29u., 36, 49o., 57u., 58o., 60u., 61u., 79, 95o., 99o., 141o., 142o., 144o., 147u., 148o., 153o., 155o., 157u., 160o., 168, 169, 171o., 172u., 173;
Sammlung Wilfried Grylla: 9o, 14u., 15u., 17u., 18o., 19, 20u., 21o., 22u., 24l., 26o., 27u., 31u., 33, 37u., 39, 40o., 41, 43o., 46o., 47o.u.u.r., 48u., 50, 51u., 52u., 53u., 54, 55, 57o., 59, 60o., 61o., 64, 65u., 66u., 67, 68, 69, 70o., 71o.l.u.u., 72o., 73, 74u., 75M.u.u., 76, 77u., 78, 81, 82, 83u., 86u., 87o., 89o., 90u., 91, 92o., 94o., 99u., 100, 102, 103o., 104–106, 107o., 108l., 109, 110, 111u., 112–114, 115r., 116, 122o., 123, 127M.u.u., 128, 129, 131u., 132–140, 141u., 143o., 144u., 145, 146, 148u., 149u.r., 150, 151u., 152, 153u., 154, 155u., 156, 157o., 159, 160u., 161o., 162, 163o., 164, 165, 166u., 167o., 170, 172o.;
Sammlung Frank Heinrich: 35u.;
Sammlung Marko Kummer: 13, 15o., 20o., 26u., 27o., 32, 34, 35o., 45u., 47u.l., 48o., 49u., 53o., 63o., 74o., 80o., 84, 88, 93, 101u., 108r., 115l., 117, 121u., 126u., 149o., 158u.;
Sammlung Wieland Paul: 14o., 28o., 31o., 51o., 95u., 111o.;
Sammlung Gustav Rebner: 6;
Sammlung Bernd Rederer: 6, 44u., 45o., 80u., 85, 86o., 89u., 97u., 107u., 130, 131o., 147o., 151o.;
Sammlung Volker Reinstein: 77o.;
Sammlung Jürgen Winter: 97o.

Allen Leihgebern gilt unser herzlicher Dank für ihre uneigennützige Unterstützung.

Impressum

Wilfried Grylla, Thomas Nabert:
Plagwitz. Ein Leipziger Ortsteil auf alten Ansichtskarten
hrsg. vom Pro Leipzig e.V.
Pro Leipzig e.V., Bernhard-Göring-Straße 152, 04277 Leipzig

Redaktion, Satz, Gestaltung, Texte: Dr. Thomas Nabert
Scans und Bildbearbeitung: Dr. Thomas Nabert, Peter Schiefner
Korrektur: Dorothea Friedemann
ISBN 978-3-949586-05-7

Inhalt

Grüsse aus dem Westen Leipzigs

Plagwitzer Vielfalt

Plagwitz ist wohl Leipzigs markantestes „Kind" der Gründerzeit. Gemeint ist jene Zeit zwischen ca. 1850 und dem Beginn des 20. Jahrhunderts, als in Deutschland, in großen Teilen Europas und in vielen Ecken der Welt die wirtschaftliche (industrielle) und gesellschaftliche Basis unserer vom Wohlstand geprägten Existenz begründet wurde. Frühere Beinamen wie „industrieller Vorort" oder „Schmiede Leipzigs" reduzieren Plagwitz jedoch zu einseitig auf ein Meer aus rauchenden Schloten, Fabrikanlagen mit rußgefärbter Patina, schweren Maschinen und tausenden grauen Arbeitswesen drumherum. Tatsächlich trug der Ort bis Anfang der 1990er Jahre den Stempel dieser unbändigen Kräfte und ihrer schlimmen Gebrechen im Gefolge. Doch Plagwitz war einst auch Ausflugsort der Leipziger mit großen Biergärten am „Felsenkeller" und am „Gosenschlösschen", Wohnort von Arbeitern und einer breiten Mttelschicht in schlichten bis stattlichen Mietshäusern sowie von Unternehmern in üppigen Villen. Den Ortsteil überzog ein Netz aus Handwerks- und Kleingewerbebetrieben, die sowohl für die Industrie als auch für die Wohnbevölkerung Dienstleistungen erbrachten. Eine Vielzahl von Geschäften säumte die Straßen, vor allem in der Zschocherschen Straße und in der Karl-Heine-Straße. Die in Plagwitz entstandene Leipziger Konsumgenossenschaft unterhielt hier Läden und Kaufhäuser, lagerte, fertigte und backte in einer der größten Konsumzentralen Deutschlands. Kleinere Kneipen und größere Gastwirtschaften (neben den oben genannten) mit Vereinssälen, Kegelbahnen und schattigen Gärten – meist beliefert von der ortsansässigen Brauerei Naumann – sorgten für Entspannung und gesellschaftlichen Zusammenhalt.

Die Weiße Elster begrenzt Plagwitz östlich und war schon in früherer Zeit fast nur von den Brücken aus wahrnehmbar, da etliche Industriepaläste bis an die Ufermauern gebaut wurden. Der Karl-Heine-Kanal, der in seiner visionären Fortführung Leipzig an die Weltmeere anbinden sollte, war einst Lebensader für viele Unternehmen. Sie entnahmen ihm Brauchwasser, überließen ihm die Abwässer und nutzten ihn für den Transport von Rohstoffen und Baumaterial. Große Teile der Leipziger Westvorstädte gründen sich auf den Aushubmassen des Kanals. Die sich ab Ende der 1990er Jahre neu entfaltende Vitalität des Stadtteils fußt wiederum stark auf der Sanierung des Kanals zwischen 1993 und 1996. Zu alledem überzog ein Geflecht von Industriegleisen den Stadtteil, um möglichst vielen Unternehmen einen Bahnanschluss anbieten zu können. Aus den meisten Gleisstrecken entstanden in den letzten Jahren grüne Schneisen für Radler und Fußgänger.

Entwicklung und Gestalt von Plagwitz waren nicht allein das Ergebnis des freien Spiels von Kapital, sondern vor allem die gebaute Vision des Unternehmers und Pioniers Carl Erdmann Heine. Ihm gehörte ab der zweiten Hälfte des 19. Jahrhunderts fast der gesamte Grund und Boden des Dorfes Plagwitz und darüber hinaus weiterer Teile des Leipziger Westens. Von dieser Position aus ließ er Straßen anlegen, Baugrundstücke für Fabriken, Mietshäuser und Villen in bemerkenswerter Dichte und Ordnung parzellieren und erschließen. Er beförderte die Anbindung an das Leipziger Straßennetz, an das Eisenbahnnetz und die Leipziger Pferdebahn, schuf besagte Industriegleise und Verladestationen, ließ den Kanal graben, gründete eigene Firmen, warb andere Unternehmen an und schuf tausende Arbeitsplätze. Zudem investierte er in soziale, kulturelle und sonstige Einrichtungen. Die folglich mit Steuergeldern zunehmend üppig ausgestattete Gemeinde Plagwitz konnte sich so aus eigener Kraft bis zur Eingemeindung auch eine städtische Infrastruktur (Rathaus, Post, Kirche, Schulen usw.) schaffen.

Heines planvolles Wirken setzte Unternehmertum und Industrialisierung aber auch Grenzen. Arbeiten, Wohnen, Freizeit und Konsum mussten auf engstem Raum miteinander auskommen – was gelang! Dieses urbane Erbe des alten Industrievorortes ist für das heutige und künftige Plagwitz wohl das Wertvollste. Es ist ein Grund dafür, dass der Ort sich in den letzten beiden Jahrzehnten zu einem lebendigen und bunten Stadtteil mit einer breiten Kunst-, Kultur- und Kneipenszene entwickeln konnte. Diese Entwicklung ließ auch alle verstummen, die nach 1990 einzig im großflächigen Abriss und Neubau eine Zukunft sahen.

Weite Teile des Stadtteils waren zwischen 1994 und 2018 Sanierungsgebiet. Über 90 Prozent der Gebäude sind inzwischen saniert oder neu gebaut. Eine herausragende Leistung ist vor allem die Umnutzung industrieller Hinterlassenschaften, die sich ideal als moderne Wohn-, Freizeit- und Arbeitsstätten eignen. Mancher Standort (siehe Zschochersche Straße, Ecke Markranstädter Straße) wartet noch auf die Rettung, andere Standorte (z. B. das Areal der ehemaligen Naumann-Brauerei) wurde zwar komplett überbaut, hätten im Ergebnis aber etwas mehr Urbanität und weniger Dichte verdient gehabt.

Bei all der angedeuteten Vielfalt hatte und hat Plagwitz ein breites Spektrum spannender Bildmotive. Während öffentlichen Archive nur eine überschaubare Menge an Beispielen in den Beständen führen, bietet das Medium Ansichtskarte ein überraschend großes Füllhorn davon. Etwa 500 verschiedene Karten wurden in privaten Sammlungen gefunden – fast 350 dieser kleinen Kunstwerke finden sich im Buch wieder. Ohne diese Dichte an Bildin-

linke Seite: Ein beliebtes Motiv aus Plagwitz war der Felsenkeller, gelaufen 1911, Verlag von Dr. Trenkler & Co., Leipzig

formationen wäre es kaum möglich, sich eine Vorstellung vom Werden des Stadtteils zu verschaffen.
Die Autoren wollen nicht vordergründig Nostalgie wecken oder Vergangenes zeigen. Sie wollen Geschichtsbewusstsein fördern, zu Vergleichen und weiterführenden Recherchen anregen und Wissen zur Ortsgeschichte auf anschauliche Weise vermitteln. Ansichtskarten führen häufig zu Detail und Geschichten, an denen umfassendere Geschichtswerke vorbeigehen (müssen). Nicht selten waren es Ansichtskarten, die Denkmalpflegern und Gebäudesanierern halfen, Verschwundenes wiederzuentdecken. Und sind die Ansichten lebendiger (autoarmer) Straßen mit Geschäften, Restaurants und flanierenden Menschen nicht Zeugnisse einer Urbanität, die wir nicht verlieren möchten und nach der wir uns eigentlich sehnen?

Medium Ansichtskarte

Die beachtliche Menge produzierter und verschickter Plagwitzer Ansichtskarten hat verschiedene Gründe. So gab es mit den bekannten Restaurationen schon am Beginn der massenhaften Verbreitung der Ansichtskarte ab ca. 1896 genügend Motive und Anlässe. Im Schatten der Biergärten wurde neben dem Konsum von Kaffee und Kuchen, Limonade und Bier so mancher Gruß verfasst (die Wirtschaften gaben meist eigene Karten heraus), um den Lieben in der Ferne den Ausbruch aus dem Alltag anzuzeigen. Neue Gasthäuser kamen hinzu, die diese Tradition pflegten. Nicht wenige der stolzen Haus- und Villenbesitzer hatten das Bedürfnis, anhand der eigenen Immobilie auf der Ansichtsseite ihre Kommunikation zu führen. Etliche Verlage erkannten zudem die Potenziale abgebildeter „Straßenschluchten". In ihnen fand eine größere Zahl von Bewohnern (und damit Käufern) ihr Haus wieder. Der Großteil der Arbeiterschaft war z.T. aus entfernt liegenden Gegenden zugezogen und nutzte für die Kommunikation mit den Bekannten in der alten Heimat die preiswerte und einfach handhabbare Ansichtskarte wohl reichlich. Gewerbetreibende, Ladenbesitzer und vor allem Industrielle zeigten stolz ihr Geschaffenes. Nicht selten nutzte man für die Geschäftspost eigene Karten. Dass Motive mit Fabriken massenhaft vertrieben wurden, lässt vermuten, dass diese gern auch von der jeweiligen Belegschaft verschickt wurden.
Ein weiterer Grund für den reichen Kartensegen war die Existenz mehrerer Ansichtskartenverlage vor Ort. Sie entdeckten rasch, zusammen mit Verlagen aus dem alten Leipzig oder dem benachbarten Lindenau, die attraktiven und gleichzeitig lukrativen Motive. Leipzig war mit seinem sehr gut aufgestellten

Nach der Einkehr der Möllers im Gosenschlösschen Plagwitz (1903): „Herzliche Grüße vom Döllnitzer Gosenwagen mit 11 Gosen im Magen ..."

grafischen Gewerbe innerhalb weniger Jahre zu einem Zentrum der Ansichtskartenherstellung herangewachsen. Eine Erhebung unter Sammlern im Zusammenhang mit dem bei Pro Leipzig erschienenen Monumentalwerk „Bilderbogen. Leipziger Ansichtskartenserien 1895 bis 1945“ ergab, dass allein bis 1945 mehr als 540 Druckereien und Verlage in und um Leipzig – vom Großunternehmen bis hin zu „Küchentischverlagen“ – Ansichtskarten produzierten oder herausgaben.

Für etablierte Kunstanstalten und Verlage wie Bruno Bürger & Ottillie, Meißner & Buch, Emil Pinkau, C. G. Röder, Carl Garte, Fischer & Wittig, Carl Fickenscher, Dr. Trenkler & Co. oder Trinks & Co. bildeten bald regionale Grenzen, selbst Länder- oder Kontinentgrenzen keine Barrieren mehr. Ein Gang durch ihre Lager war für Beobachter wie eine Weltreise.

Ein Teil der „Großen“ gab hin und wieder auch Plagwitzer Motive heraus. Doch die überwiegende Mehrzahl der über 60 auf den Plagwitz-Karten nachweisbaren Verlage, zählten zu den Kleinen und nicht wenige davon hatten ihren Sitz in Plagwitz selbst. Hinzu kamen etliche Karten von Gastwirtschaften, Unternehmen und anderen Einrichtungen, wo ein Selbstverlag zu vermuten ist, so z. B. die Karten des Tuchversand-Geschäftes von Christian Günther, Weißenfelser Straße 7.

Der mit Abstand bedeutendste Plagwitzer Ansichtskartenverlag (und darüber hinaus für den gesamten Leipziger Westen) war der von „C. Jungmann, Inh. Gust. Rudolph. Buchhandlung, Papierhandlung, Buchbinderei“ (Zschochersche Straße 30/32, ab ca. 1935 Zschochersche Straße 36). Fast 60 seiner Karten sind allein in diesem Buch enthalten. Der besondere Wert der Arbeiten von Jungmann (anfangs firmierte das Unternehmen noch allein unter Inhaber Gustav Rudolph) liegt jedoch nicht allein in ihrem Umfang. Inhaltlich ging er vor allem dorthin, wo es „dreckig“ war, also in die Industrieviertel und an die Fabriken. Nicht selten suchte er dabei für die damalige Fotografie aufwändig Höhepunkte. Er verschaffte so auch den heutigen Betrachtern im wahrsten Sinne des Wortes einen Überblick über Plagwitz von unschätzbarem Wert.

Weitere Plagwitzer „Verleger“, jeweils weniger Karten, waren Taenzer & Jaenichen, die Gebr. Arnold (Weißenfelser Straße 52/1914), Richard Böhm (Elisabethallee 31/1905), der Konsumverein Leipzig-Plagwitz, Photo-Postler (Fröbelstraße 8/1914, Zschochersche Straße 25/1926, Karl-Heine-Straße 30/1939), der Fotograf Anton Blaschke (Elisabethallee 41/1914, Fröbelstraße 8/1939), Johannes Melly und die Original Bromsilber-Postkarte, Leipzig-Plagwitz (Fröbelstraße 8). Im benachbarten Lindenau erschienen Karten bei Adolph Richter (Merseburger Straße 61), Albin Kasel (Karl-Heine-Straße 110), dem Zeichner Peter Jacob (Lindenauer Markt 22) und

Die Mündung der Rödel in die Weiße Elster, gelaufen 1904 und dicht beschrieben

Die Buch- und Papierhandlung Jungmann, Zschochersche Straße 30/32 (um 1899), war der bedeutendste Ansichtskartenverlag im Leipziger Westen.

Max Karnahl (Josephstraße 25/1905). Zu den bedeutendsten Einrichtungen in Kleinzschocher zählte die „Leipziger Bromsilber-Postkartenfabrik Bromophot, M. Hartmann und R. Schonherr“ (Wigandstraße 36) mit ihren Fotokarten. Unter den Alt-Leipziger Verlagen waren vor allem die Kunstverlag von Dr. Trenkler & Co., Karl Fickenscher, Reinhold Knobbe, Carl Drechsler, Max Nierth, Karl Cramer, Paul Vogel und Trinks & Co. aktiv.

Nach 1945 lichteten sich die Reihen der Ansichtskartenverlage vor Ort rasch. Einige Motive aus der Zeit vor 1945 wurden weiter verkauft oder neu verlegt, was angesichts der nur punktuellen Kriegszerstörungen im Stadtteil möglich war. Ansonsten verloren der Stadtteil auffallend rasch und gründlich seine Ansichtskartenverlage und Verlage außerhalb von Plagwitz und Leipzig hatten offenbar kein Interesse mehr am Industrievorort.

Im Unterschied zu den archivierten Bildquellen, meist sehr teure Fotografien, „liefen“ Ansichtskarten unterm Volk und fanden

Die 1907 gelaufene Karte war nicht einfach örtlich einzuordnen und zeigt den Blick von der Plagwitzer Kirche zur Zschocherschen Straße (Eisenhandlung August Hoppe, Hofseite Zschochersche Straße 33), links hinten das Eckgebäude Weißenfelser Straße 32.

massenhafte Verbreitung. In vielen Nachlässen finden sich Beispiele. Einmal entdeckt, folgt sogleich die inhaltliche Auseinandersetzung, mindestens mit der Ansichtsseite. Jede Karte verlangt nach Erklärungen. Viele Ansichten offenbaren Details, die Fragen aufwerfen und Recherchen auslösen.

Am Beginn der Geschichte der Ansichtskarte und deren Vor- und Mitläufer der Postkarte stand die Idee des späteren Generalpostdirektors Heinrich von Stephan, der 1865 ihre Einführung forderte: „Ein solches Formular ‚Postblatt' hat die Dimensionen eines gewöhnlichen Briefcouverts größerer Art und besteht aus steifem Papier [...]. Die Vorderseite würde oben als Überschrift die Benennung des Postbezirks und eine entsprechende Vignette (Landeswappen etc.) tragen, links einen markierten Raum zum Abdruck des Post-Aufgabestempels, rechts die Postfreimarke gleich in das Formular hineingestempelt. Dann ein Raum zur Adresse (wie bei den Postanweisungen) mit dem Vordruck ‚An', ‚Bestimmungsort' und ‚Wohnung des Empfängers' sowie die vorgedruckte Notiz: ‚die Rückseite kann zu schriftlichen Mittheilungen jeder Art benutzt werden'." Stephan stieß zunächst auf Ablehnung wegen der freien Lesbarkeit der Karten und der Preisgabe des Postgeheimnisses. Das zarte Pflänzchen der schwer errungenen bürgerlichen Freiheiten durfte durch eine derartige Freigabe nicht beschädigt werden. Dennoch waren die Vorteile der Idee nicht von der Hand zu weisen: Verringerung von Volumen und Gewicht und damit eine Verbilligung gegenüber dem Brief. Am 1. Juli 1870 war es dann doch soweit. Die erste „Correspondenz-Karte" im Gebiet des Norddeutschen Bundes wurde in Umlauf gebracht. Die Deutsche Reichspost gab wenig später, am 1. März 1872, die erste „Postkarte" heraus. Diese Behörde erlaubte zudem, dass Postkarten auch von anderen Einrichtungen angefertigt, mit Bildern versehen und verkauft werden durften. Ab 1875 entstanden vielerorts erste gezeichnete Grußkarten mit Ansichten von Orten oder Anlässen.

Es dauerte aber noch bis ca. 1896, ehe „Ansichtskarten" ihren großen Durchbruch hatten. Ein Grund für ihre plötzliche massenhafte Beliebtheit war die Möglichkeit ihrer Herstellung mit Hilfe der mehrfarbigen Lithografie. Preisliche Attraktivität und Massenproduktion wurden wiederum durch den Einsatz der Schnellpresse ermöglicht. Immer schneller griff nun der technische Fortschritt auf die Kartenherstellung über. Die fototechnische Entwicklung war 1896 so weit, neben den Lithografien auch Foto-Bildkarten anbieten zu können. Erstmals erschien eine derartige Karte auf der Pariser Weltausstellung. Mit Hilfe des lithografischen Verfahrens, vor allem aber über den Lichtdruck gelang es ab 1900 verstärkt, Fotokarten auf den Markt zu bringen. Der Nachteil der Schwarzweißfotografie konnte bald kompensiert werden. Die Fotokarten wurden per Hand koloriert oder im Lichtdruck mit mehreren Farben gedruckt.

Wenige Jahre nach Einführung der Postkarte legte der Weltpostverband ein Standardmaß von 14x9 cm fest – das „Welt-Postkartenformat". Kurz darauf war der Versand offener Mitteilungen in beinahe jeden Winkel der Erde möglich.

Beschrieben werden durfte anfangs nur die Bildseite. Die Anschriftseite war für Marke, Stempel und Adresse bestimmt. Der Betrachter alter Karten ist daher oft entzückt, wie die damaligen Autorinnen und Autoren versuchten, ein Mindestmaß an Informationen um und zwischen die Bilder zu bekommen. Ab 1. April 1905 wurde die geteilte Anschriftseite offiziell eingeführt. Briefliche Mitteilungen waren nun vor allem auf der linken Hälfte der Anschriftenseite möglich. Die neue Unterteilung wurde 1906 durch den Postkongress in Rom weltweit zum 1. Oktober 1907 für alle Postkartenarten eingeführt.

Die universelle, fast uneingeschränkte Verwendbarkeit ließ Ansichtskarten zu einem Spiegel gesellschaftlicher Verhältnisse, zu einem Stück Kulturbild und Zeitgeschichte werden.

Der Boom hielt bis Anfang der 1940er Jahre an. Mit Ausbruch des Zweiten Weltkrieges nahm die Herausgabe von Ansichtskarten deutlich ab. Die Zerstörungen des Krieges sowie der Mangel an Materialien und Fotografen waren die Hauptgründe. Dabei war die Nachfrage durchaus noch gegeben, denn auch in der nur spärlich mit Telefonen versorgten DDR genoss die Ansichtskarte nach wie vor hohes Ansehen als preiswertes Kommunikationsmittel.

Seit den 1990er Jahren hat sich die Existenzberechtigung für die Ansichtskarte dramatisch gewandelt. Fast jeder hat ein Telefon und trägt es zudem ständig bei sich und ein zunehmender Teil schriftlicher Korrespondenzen (inclusive „Bilderfluten") läuft über E-Mails, SMS und soziale Medien – äußerst schnell und nahezu kostenlos. Wozu braucht man da noch Ansichtskarten? Die Ausgabe von Ansichtskarten zu Orten jenseits der großen Touristenströme ist daher sehr selten geworden. Die Ansichtskarte wird künftig wohl nur noch als Urlaubskarte – als ein authentisches Stück Urlaub – oder als besonders nette Geste bzw. kleines Geschenk überleben.

Das vorliegende Buch möchte Plagwitz in seiner Vielfalt auf Ansichtskarten zeigen. Geordnet sind die ausgewählten Karten nach örtlichen wie thematischen Schwerpunkten und etwa in der zeitlichen Abfolge ihres Erscheinens, also angefangen mit den ersten Lithografien und endend mit den wenigen in den letzten Jahren erschienenen Karten im Offset- oder Digitaldruck. Da sich für Ansichtskarten nur in den seltensten Fällen das genaue Erscheinungs- bzw. Aufnahmejahr ermitteln lässt, bietet der häufig vorhandene Poststempel „gelaufener" Karten Rückschlüsse auf das Alter der Karten. Eine Karte, die beispielsweise 1911 „lief" ist in der Regel ein oder zwei Jahre davor erschienen und kann auf keinen Fall nach dem Datum des Poststempels erschienen sein. Immer mal wieder gibt es aber auch Fälle, dass ältere Karten aus den 1930er Jahren oder davor erst in den 1970er Jahren verschickt wurden (siehe Beispiel unten).

Die den Karten beigefügten Texte beschränken sich nicht allein auf die Einordnung und Bezeichnung der Kartenmotive. Es wird oft auch versucht, die hinter dem Erscheinen einer Ansichtskarte stehende Geschichte zu erfassen und das Auge auf Interessantes zu lenken. Die Autoren haben jedenfalls keine Mühen gescheut, den Leserinnen und Lesern einen möglichst spannenden und unterhaltsamen Exkurs durch mehrere Jahrzehnte Ansichtskartengeschichte von Plagwitz zu ermöglichen.

Erschienen um 1938, verschickt 1974 (nach nicht gänzlich erfolgreicher Retusche)

Die ältesten Ansichtskarten – Lithografien

Die Karten auf dieser Doppelseite erschienen im Verlag C. Jungmann, Inhaber Gustav Rudolph, Leipzig-Plagwitz.

Gebäude der Leipziger Vereinsbank, Karl-Heine-Straße 30 (2004 abgerissen), Felsenkeller und Bahnhof Plagwitz, gelaufen 1899

linke Seite: Blick auf das Industrieviertel beiderseits der Zschocherschen Straße nördlich der Limburgerstraße, um 1900

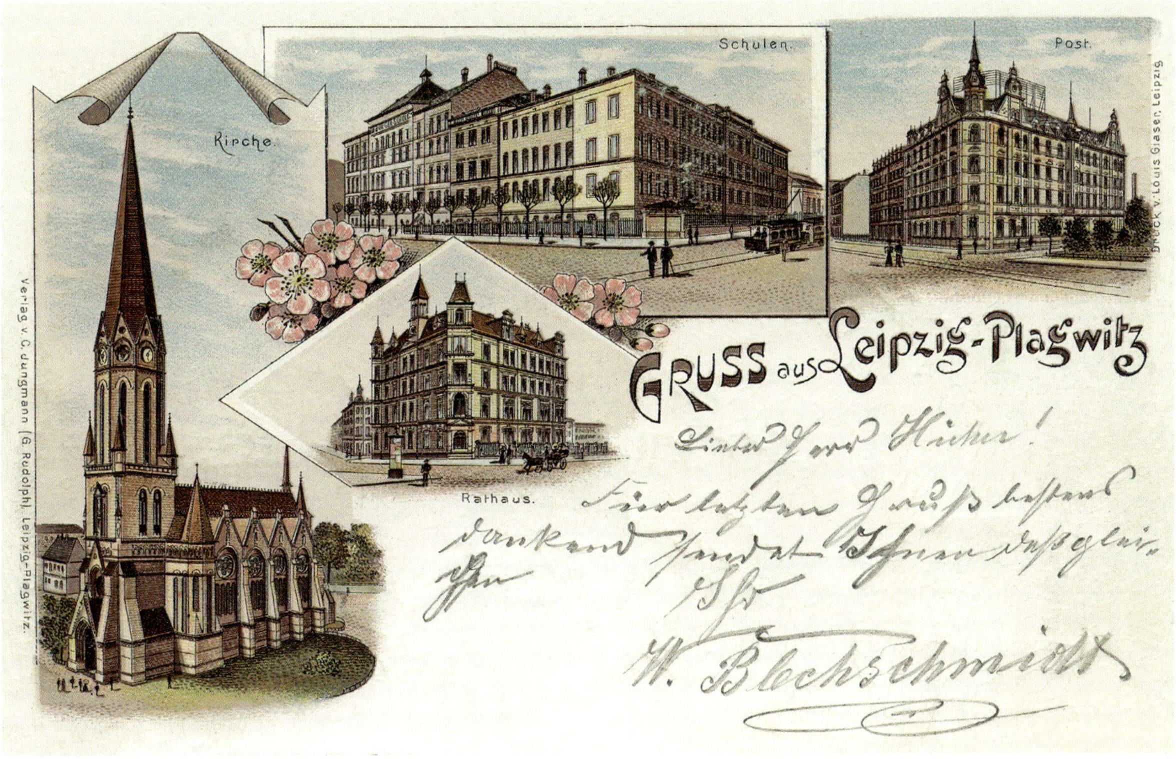

XIII: Bürgerschule und 24. Bezirksschule (heute Erich-Zeigner-Schule), 1889 erbautes Postgebäude, Alte Straße 23, , 1883/84 erbautes Rathaus, Alte Straße 20–22 und 1886–1888 erbaute Plagwitzer Kirche (ab 1916 Heilandskirche), gelaufen 1898

Die ältesten Ansichtskarten waren vor allem **Lithografien**. Bei der Ende des 18. Jahrhunderts erfundenen Lithografie diente als Druckträger ein Kalkschieferstein, der vor allem in Solnhofen in Bayern gebrochen wurde. Bereits im Jahre 1837 ließ sich Godefroy Engelmann (1788–1839) unter dem Namen Chromolithografie eine farbige Variante der Lithografie patentieren, wobei mehrere Farben übereinandergedruckt wurden. Nach Einführung der Steindruck-Schnellpressen im Jahre 1871 war auch die Herstellung größerer Mengen an farbigen Drucksachen möglich. Kaum ein anderes Medium als die Ansichtskarte war bis etwa 1906 von dieser Drucktechnik geprägt. Danach änderten sich Herstellungsverfahren und Stil der Karten relativ abrupt.

Der 1889/90 nach Plänen der Architekten August Herrmann Schmidt und Arthur Johlige errichtete (neue) Felsenkeller mit Ballsaal und Biergarten, gelaufen 1900, Verlag Rösch & Winter, Leipzig

Der Felsenkeller war das größte Vergnügungsetablissement in Plagwitz, diente aber auch politischen Veranstaltungen. So sprachen hier u.a. Friedrich Geyer, Karl Liebknecht, Clara Zetkin und Rosa Luxemburg. Die um 1898 erschienene Karte lief 1903.

Gruß aus dem Ratskeller Plagwitz, Weißenfelser Straße 10 (erbaut 1874). Die Karte lief 1898, wurde aber wahrscheinlich bereits 1896 herausgegeben.

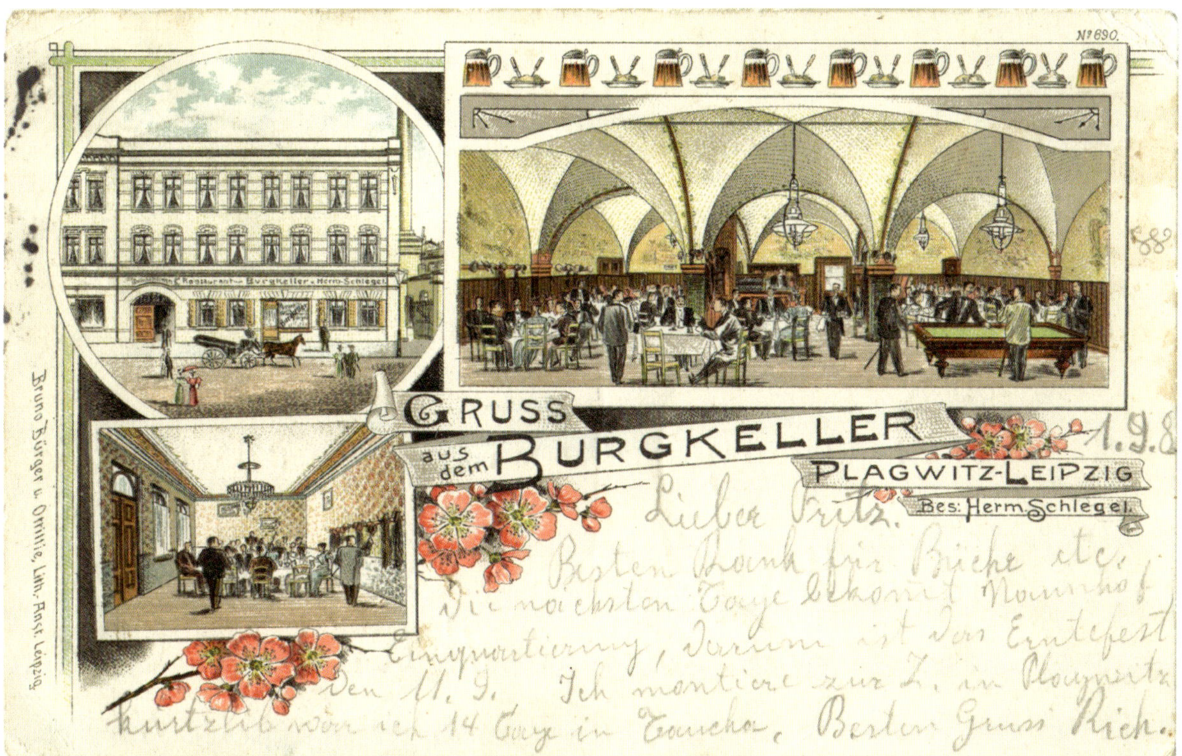

Gruß aus dem „Burgkeller Plagwitz" (später „Markthallen", heute überbaut), neben der ehemaligen Naumann-Brauerei, Zschochersche Straße 77, gelaufen 1898, Bruno Bürger & Ottillie, Leipzig

Viele Ansichtskarten wurden **Gaststätten** gewidmet. Zwischen 1890 und 1914 waren sie in heute kaum vorstellbarer Dimension Orte der Freizeitkultur breitester Schichten der Bevölkerung. An den Wochenenden in den wärmeren Jahreszeiten zog es viele Familien zum Flanieren und Spazieren hinaus. Fester Bestandteil der Ausflüge war die Einkehr. Beim Bier, einer Limonade oder einer Tasse Kaffee saß man Stunden in geselliger Runde oder beim „Sehen und Gesehenwerden". Die Lokale warben mit „staubfreien" Gärten mit bis zu tausend Plätzen sowie Vergnügungen für Kinder und Erwachsene. So verwundert es nicht, dass Kartenverlage gerade diese Lokale gern ins Bild setzten. Andererseits war der Versand der Karten eine gute Eigenwerbung.

Gruß aus dem 1888 gegründeten Restaurant „Gosen-Schlösschen“, Alte Straße 6, gelaufen 1901, Kunstanstalt Gebr. Lissel, Leipzig

„Gosen-Schlösschen“ mit seinen Nebengebäuden. Der Restaurantgarten zog sich bis zur Elisabethallee (heute Erich-Zeigner-Allee) hin. Die Karte der Kunstanstalt Taenzer & Jaenichen, Leipzig-Plagwitz, lief 1902.

Der 1888 begründete „Sonnen-Hof“, Weißenfelser Straße 15 (seit 2016 spanisches Restaurant „Patio del Sol“), gelaufen 1905

Restaurant „Zu den drei Grenzen“, Jahnstraße, heute Industriestraße 41 (um 1885 erbaut), gelaufen 1904. Der Name des Restaurants erinnerte an die nahegelegenen Flurgrenzen zu Kleinzschocher und Schleußig. Die Karte zeigt auch ein Dampfschiff auf der Weißen Elster und die zwischen 1893 und 1907 bestehende Nonnenkaserne, Nonnenstraße 25–27.

Nicht ganz ernst gemeinter Gruß aus der „Kater-Schänke“, Merseburger Straße 30, gelaufen 1905

Um 1900 diente der Begriff „Zigeuner“ als Etikett für Randgruppen der Gesellschaft wie Sinti und Roma oder fahrende Künstler („Fahrendes Volk“) und war nicht selten mit Diskreminierungen verbunden. 1903 machte eine solche Gruppe wohl Station am Felsenkeller in Plagwitz und erregte mit ihren Vorführungen aber auch mit ihrer Lebensweise Aufmerksamkeit.

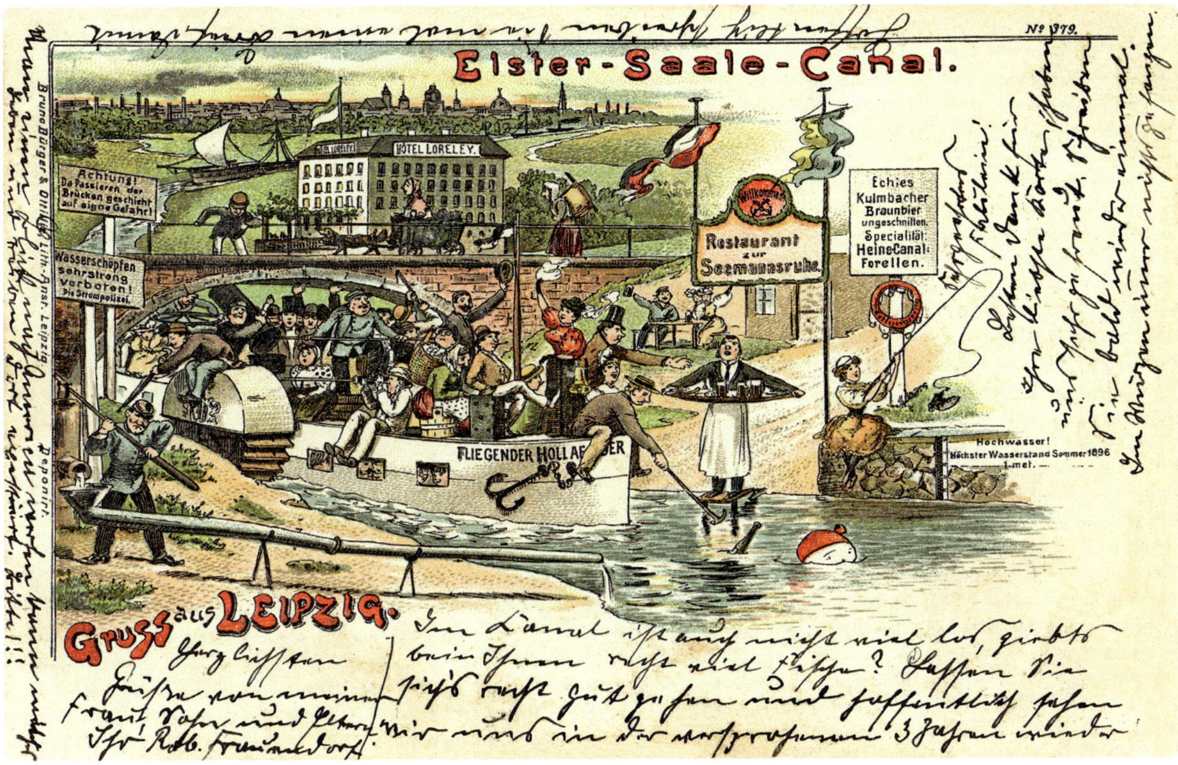

Die noch am Ende des 19. Jahrhunderts an Sonn- und Feiertagen betriebene Dampfschifffahrt auf dem Karl-Heine-Kanal und das gleichzeitig in der Öffentlichkeit wieder präsente Elster-Saale-Kanal-Projekt entflammten offenbar die Fantasie der Zeitgenossen um 1898. Die Karte erschien bei Bruno Bürger & Ottillie, Leipzig

Wohnen und Arbeiten lagen in Plagwitz besonderst dicht beieinander. Um 1900 dampften rund 150 größere und kleine Schlote in Plagwitz und sorgten täglich für „schwarzen Schnee" – die Zeitgenossen nahmen das offenbar mit Humor. Die Karte lief 1898.

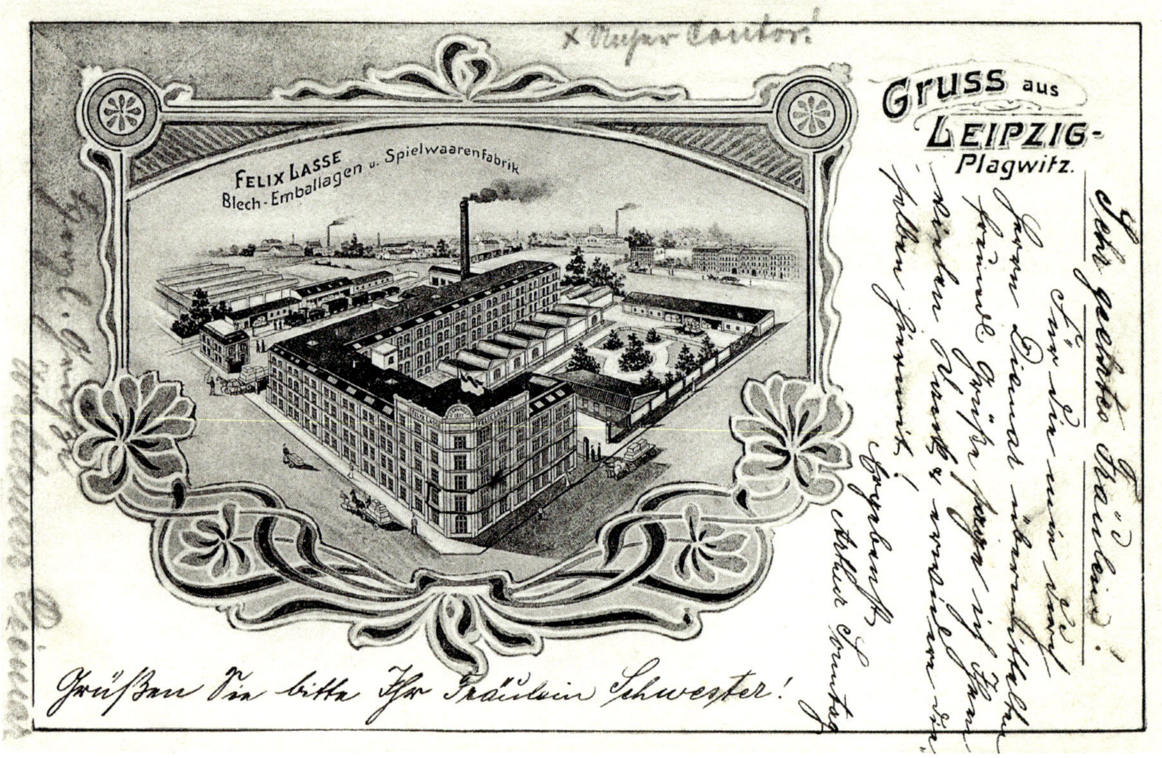

Gruß aus Plagwitz mit der Ansicht der 1877 gegründeten Blech-Emballagen- und Spielwarenfabrik Felix Lasse, Markranstädter Straße 3 (erbaut 1904), um 1905

Brauerei Naumann, Zschochersche Straße 79, gelaufen 1903

Das Herren- und Knaben-Modehaus Gebr. Rockmann hatte auch in der Karl-Heine-Straße 30, Ecke Zschochersche Straße ein Zweiggeschäft, gelaufen 1899

Werbekarte für das Jahr 1900 des in Plagwitz ansässigen Tuchversand-Geschäftes von Christian Günther, Weißenfelser Straße 7, mit Post, eigenem Geschäftshaus, Rathaus und Kirche

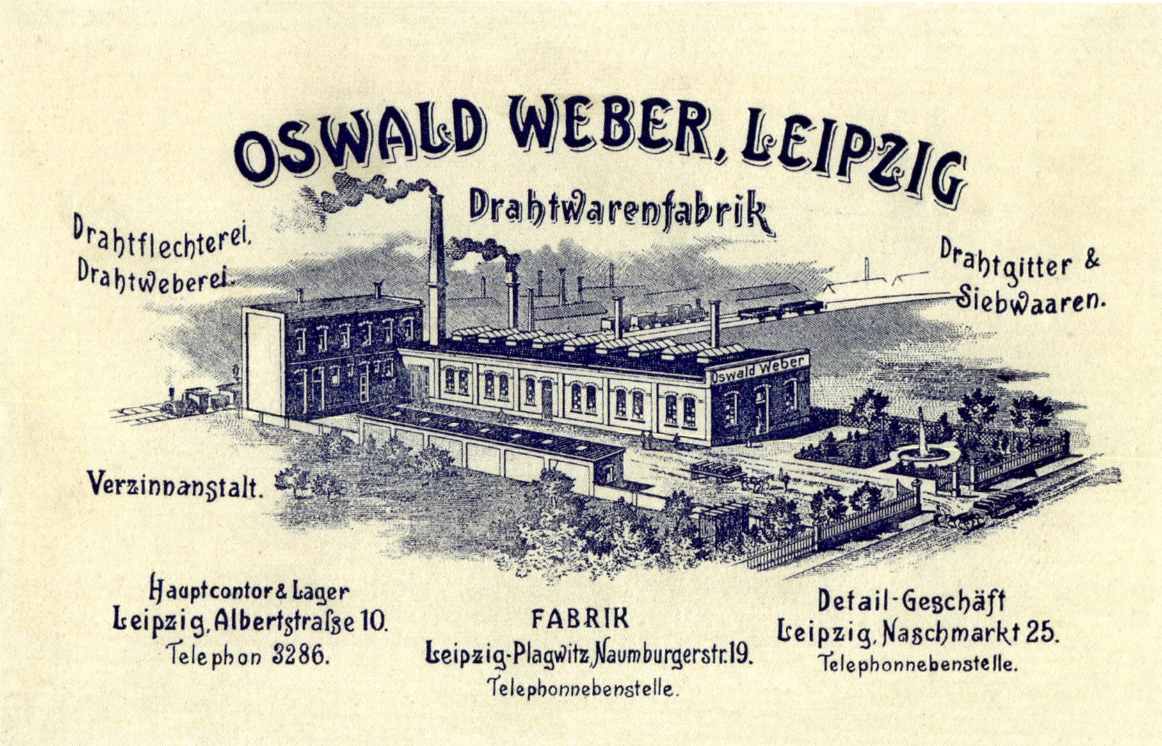

Drahtwarenfabrik von Oswald Weber, Naumburger Straße 19, gelaufen 1902

Die 1899 eröffnete Sophien-Apotheke, Zschochersche Straße 16, Ecke Karl-Heine-Straße trägt seit 1919 den Namen Galenus-Apotheke.

Zugang zum Palmengarten am Klingerhain mit dem einst davor stehenden Karl-Heine-Denkmal. Der Palmengarteneingang wurde um 1940 zurückgebaut und das Denkmal gleichzeitig an den heutigen Standort versetzt. Die Karte erschien um 1899.

Werbekarte für das Jahr 1901 des in Plagwitz ansässigen Tuchversand-Geschäftes von Christian Günther, Weißenfelser Straße 7, mit Palmengarten und Karl-Heine-Denkmal

LEIPZIG
Plagwitzer Kirche
Dr. Trenkler Co., Leipzig.

LEIPZIG
Plagwitzer Kirche
Dr. Trenkler Co., Leipzig. 15850

Einfahrt in den heutigen Karl-Heine-Kanal von der Weißen Elster an der Nonnenbrücke, 1898, Verlag Max Nierth

linke Seite: Plagwitzer Kirche, gelaufen 1902 und 1904. Bis 1907 durften nur die Bildseiten der Ansichtskarten beschrieben werden.

Elster-Saale Kanal (heute Karl-Heine-Kanal) vermutlich vor der Friedrich-August-Brücke, 1898, Verlag Max Nierth

Als **Fotokarten** werden Ansichtskarten bezeichnet, die auf fotografischen Aufnahmen basieren. Dabei gibt es seit 1896, als auf der Pariser Weltausstellung erstmals eine Foto-Ansichtskarte erschien, mehrere Verfahren, die Fotografie auf die Postkarte zu bringen. Die älteste Form der Umsetzung ist die Fotolithografie, bei der die Aufnahme über ein retuschiertes Negativ oder ein gerastertes Diapositiv direkt auf den Lithografiestein übertragen wird. Voraussetzung waren Aufnahmen mit speziellen Reproduktionskameras. Bis etwa 1920 wurden schwarzweiße Fotokarten zudem über die Verfahren des Lichtdrucks und des Bromsilberdrucks hergestellt. Spätere Fotokarten wurden dann – farbige größtenteils bis heute – im Offsetdruck hergestellt.

Zschochersche Straße, Ecke Weißenfelser Straße, Blick auf die Häuser Weißenfelser Straße 24, Zschochersche Straße 26 und 28, gelaufen 1900

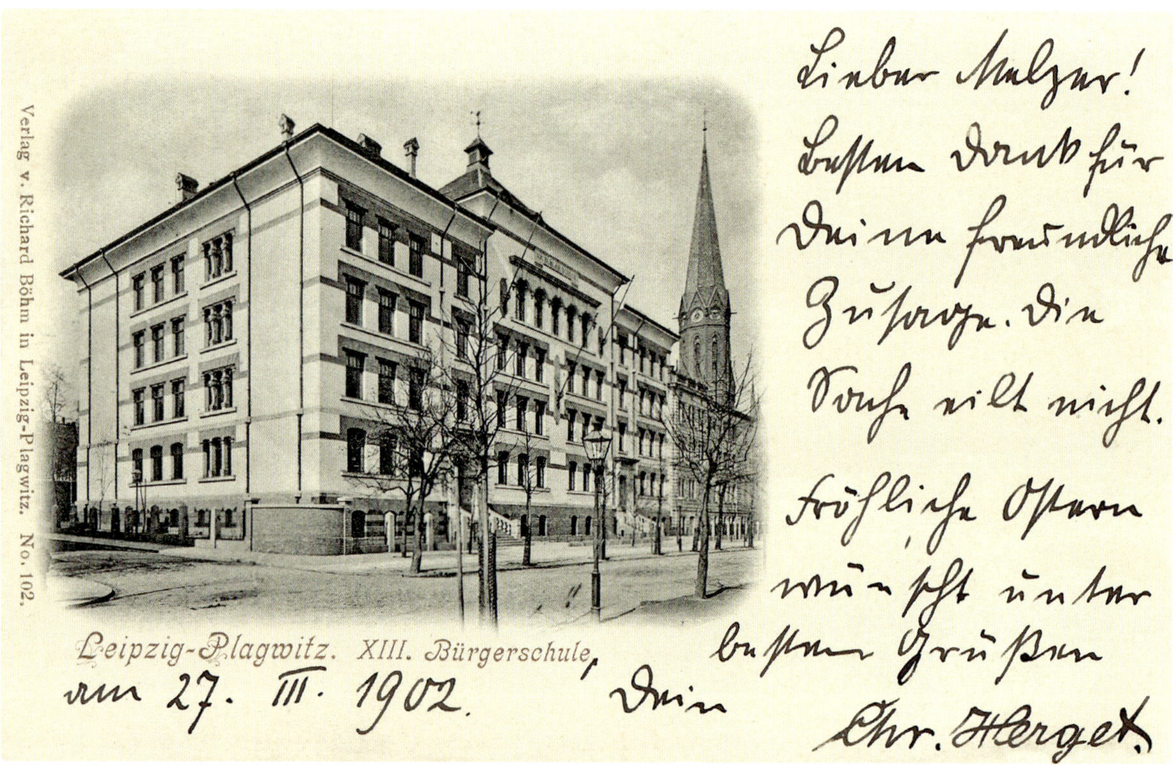

XIII. Bürgerschule an der Elisabethallee (heute Erich-Zeigner Allee), gelaufen 1902. Verlag von Richard Böhm, Leipzig-Plagwitz

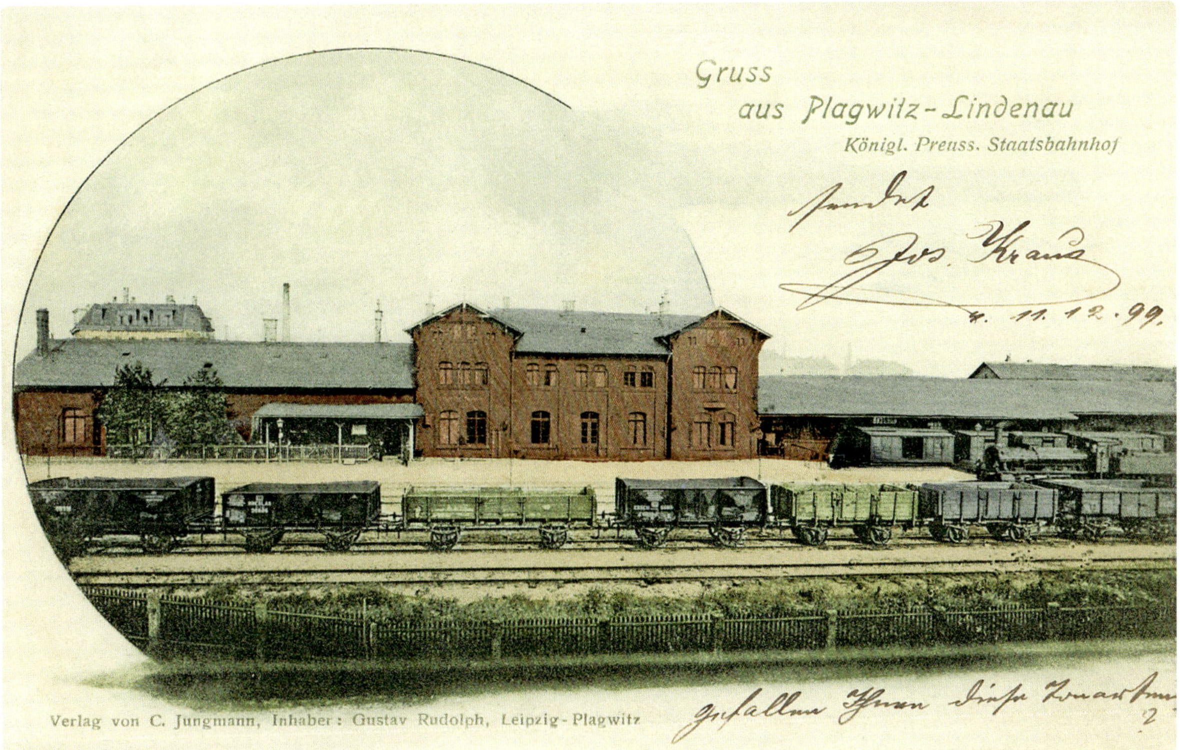

Der 1873 eröffnete Bahnhof Plagwitz der Kgl. Preußischen Staatsbahn, gelaufen 1899, Verlag C. Jungmann, Inhaber Gustav Rudolph, Leipzig-Plagwitz

Die 1886 errichtete Turnhalle des Turnvereins zu Leipzig-Plagwitz, Schmiedestraße 12, um 1906

Westendhallen, Zschochersche Straße 39/41, um 1900

Küche und Buffet im „Gosenschlösschen“, Alte Straße 6, gelaufen 1902

Blick über die Plagwitzer Brücke in die Karl-Heine-Straße und Karl-Heine-Denkmal, gelaufen 1903, Verlag C. Jungmann, Inhaber Gustav Rudolph, Leipzig-Plagwitz

Das 1897 am Klingerhain neben dem kurz darauf angelegten südlichen Eingang des Palmengartens aufgestellte Karl-Heine-Denkmal (Bildhauer Carl Seffner), um 1900, Verlag Dr. Trenkler & Co., Leipzig

Die Karten auf dieser Doppelseite erschienen im Verlag C. Jungmann, Inhaber Gustav Rudolph, Leipzig-Plagwitz

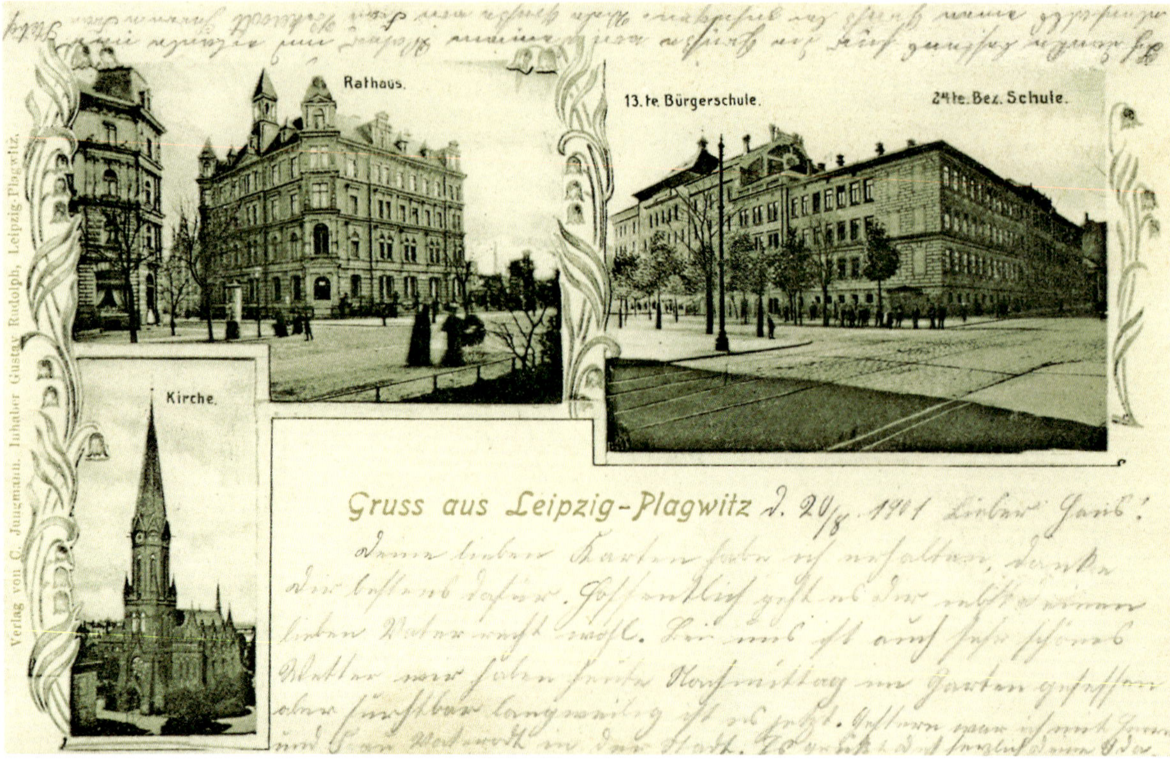

Das neue Ortszentrum von Plagwitz mit dem 1883/84 erbauten Rathaus, den nach 1872 und nach 1876 errichteten Gebäuden für die XIII. Bürgerschule und die 24. Bezirksschule und der 1886–1888 errichteten Heilandskirche. Die Karte lief 1901.

Blick von der König-Johann-Brücke nach Osten, Blick von der Luisenbrücke (Neu-Lindenau) auf das damalige Ende des Karl-Heine-Kanals, die Jutespinnerei und Weberei Tränker & Würker sowie das Mörtelwerk (heute Kanal 28) und auf das Karl-Heine-Denkmal. Die Karte lief 1903.

Felsenkeller, das 2004 abgerissene Gebäude der Leipziger Vereinsbank (gegenüber) und das 1889 erbaute Postgebäude Weißenfelser Straße, Ecke Alte Straße, um 1901

Ansichten der 1897 entstandenen Chemischen Fabrik Fritz Schulz jun. AG (später Globus-Werke), Limburgerstraße 30, um 1901. Produziert wurden vor allem Reinigungsmittel. Heute dienen die Gebäude Wohnzwecken.

Die Karten auf dieser Doppelseite erschienen im Verlag C. Jungmann, Inhaber Gustav Rudolph, Leipzig-Plagwitz

Blick von der König-Johann-Brücke u. a. auf die Sächsische Wollgarnfabrik vorm. Tittel & Krüger an der Nonnenstraße, gelaufen 1900. Die Elisabethbrücke war noch nicht errichtet. Zu sehen ist die Eisenbahnbrücke (heute Riverboat).

Einfahrt in den heutigen Karl-Heine-Kanal an der Weißen Elster und die Sächsische Wollgarnfabrik, vorm. Tittel & Krüger (später Buntgarnwerke) an der Nonnenstraße, gelaufen 1901. Die Fabrikbauten auf der Schleußiger Seite entstanden erst 1906 und 1908.

Plagwitzer Unternehmen zwischen Zschocherscher Straße, Wachsmuthstraße, Limburgerstraße und Markranstädter Straße, um 1901

Die 1867 gegründete Maschinenfabrik Swiderski (ab 1900 AG), Zschochersche Straße 78, Ecke Markranstädter Straße (seit 1888 am Standort), um 1901.
Bis 1990 bestand der Betrieb als VEB Druckmaschinenwerk Leipzig.

Die Karten auf dieser Doppelseite erschienen im Verlag C. Jungmann, Inhaber Gustav Rudolph, Leipzig-Plagwitz

Die 1880 gegründete Maschinenfabrik Unruh & Liebig (ab 1899 AG) Naumburger Straße 28, gelaufen 1908. Das Werk entstand 1896/97 nach Plänen des Architekten Robert Röthig.

Fabrikgebäude der 1867 gegründeten Firma Mey & Edlich, Nonnenstraße 5 (seit 1870 dort ansässig), Ecke Ernst-Mey-Straße an der Könneritzbrücke (heute überbaut), gelaufen 1902 (siehe auch S. 98)

Die 1878 gegründete Gummiwarenfabrik Philipp Penin AG, Nonnenstraße 40–44, gelaufen 1901. Das Firmengelände gehört heute zum Elster Business Park.

Die Großbäckerei der Konsumgenossenschaft Leipzig-Plagwitz & Umgebung, Naumburger Straße 26, und die 1900 gegründete Leipziger Spitzen-Fabrik Barth & Co., Naumburger Straße 22, gelaufen 1901. Letztere firmierte 1948 unter VEB Leipziger Spitzenfabrik. 1970 kam es zur Bildung des Großbetriebes „VEB Plauener Spitze“ aus den Werken Leipzig, Grimma, Dresden, Auerbach und Plauen.

Brand des Consum-Vereins Leipzig-Plagwitz am 25. Juni 1903

Verlag von Wilhelm Böttiger, L.-Schleussig

DER KONSUM BRENNT!

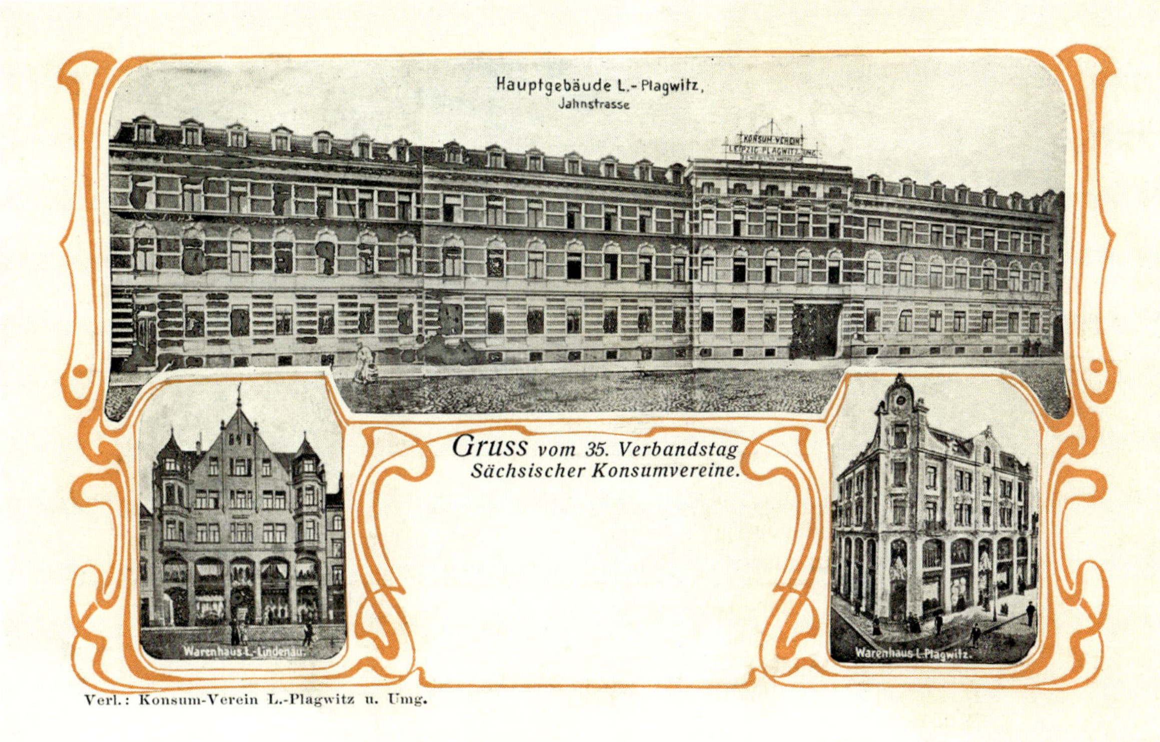

Die Ende des 19. Jahrhunderts errichtete Konsumzentrale an der Jahnstraße 85–89 (heute Industriestraße) und die Warenhäuser des Konsumvereins Leipzig-Plagwitz & Umgebung am Lindenauer Markt und in der Zschocherschen Straße 41 a in Plagwitz (Letzteres 1900 eröffnet), 1902.

linke Seite: Brand der Konsumbäckerei, Braustraße 25 (heute Naumburger Straße 26) am 26. Juni 1903. Das Gebäude wurde 1904 nach Plänen der Architekten Heyne & Weickert wieder aufgebaut.

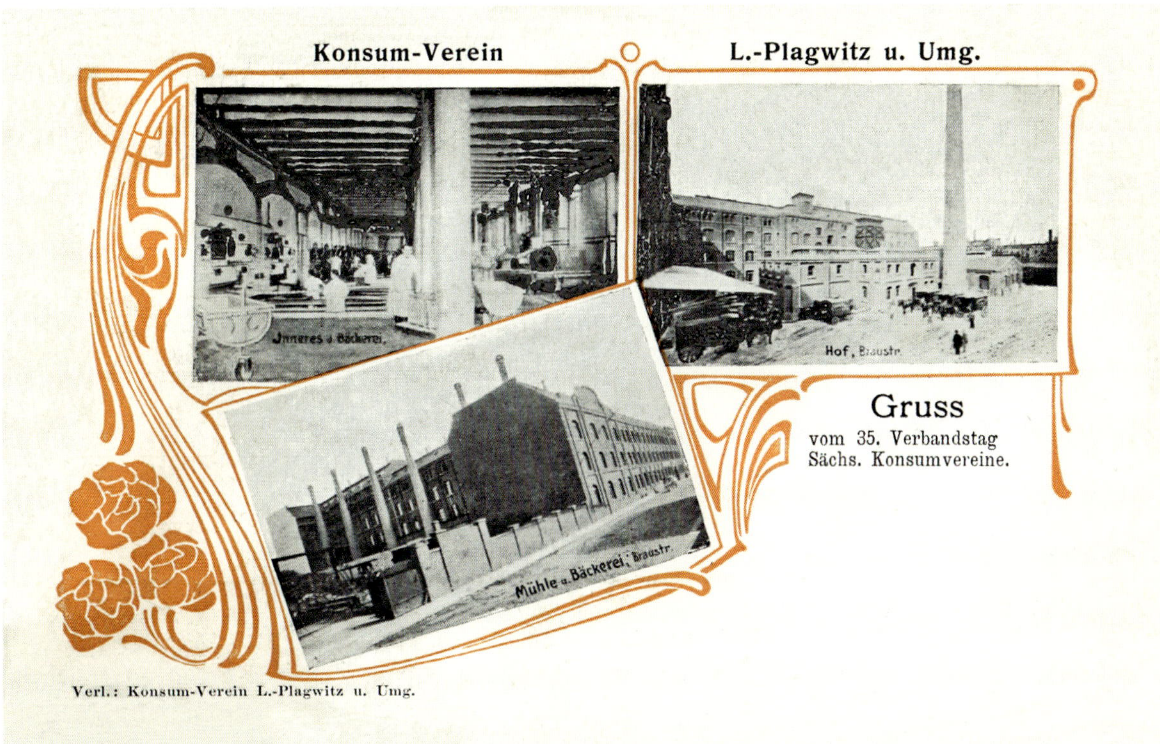

Die 1890 nach Plänen des Architekten Richard Hagemann errichtete Konsumbäckerei Naumburger Straße 26 des Konsumvereins Leipzig-Plagwitz & Umgebung, 1902.

Ausgebrannte Konsumbäckerei, Naumburger Straße 26, 1903, Verlag C. Jungmann, Inhaber Gustav Rudolph, Leipzig-Plagwitz

Ausgebrannte Konsumbäckerei, Naumburger Straße 26, 1903, Verlag C. Jungmann, Inhaber Gustav Rudolph, Leipzig-Plagwitz

Lieferwagen des Konsumvereins für Leipzig-Plagwitz & Umgebung vor der Verkaufsstelle in Markranstädt, gelaufen 1903

Bierflasche des Konsumvereins Leipzig-Plagwitz und Umgebung, um 1920

Die 1884 eröffnete erste Warenabgabestelle des Konsumvereins Leipzig-Plagwitz & Umgebung, Weißenfelser Straße 33, gelaufen 1908

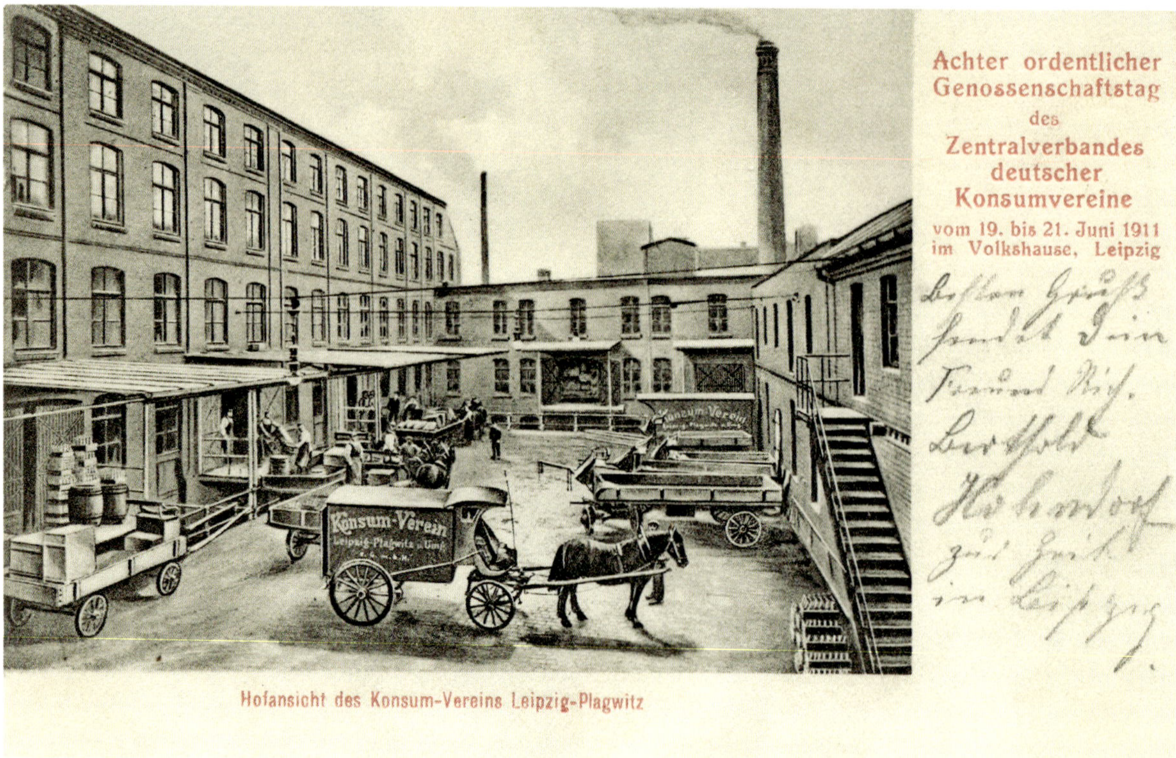

Hofansicht der Konsumzentrale, Jahnstraße 85–89 (heute Industriestraße), 1911

Hofansicht der Konsumzentrale, Jahnstraße 85–89 (heute Industriestraße), um 1925, Dr. Trenkler & Co., Leipzig-Stötteritz

Die nach dem Brand von 1902 im Jahre 1904 neu errichtete Großbäckerei (Anfang der 1920er Jahre erweitert und erneut modernisiert) des Konsumvereins Leipzig-Plagwitz & Umgebung war mit über 100 Beschäftigten der zweitgrößte Bäckereibetrieb Deutschlands, Dr. Trenkler & Co., Leipzig-Stötteritz.

Luftaufnahme der 1929–1932 nach Plänen des Architekten Fritz Höger neu errichteten Konsumzentrale an der Jahnstraße (heute Industriestraße), 1932

ORTSANSICHTEN 1900–1930:

Die 1866 errichtete Pleißeflutbrücke (1928 Neubau und Klingerbrücke genannt) mit Blick zur Plagwitzer Straße (heute Käthe-Kollwitz-Straße), 1906, Dr. Trenkler & Co., Leipzig

linke Seite: Karl-Heine-Straße, Blick nach Osten, rechts der Abzweig der Alten Straße, gelaufen 1902

Pleißeflutbrücke und Eingang zum Palmengarten, im Hintergrund die Bebauung an der Nonnenstraße, 1905, Dr. Trenkler & Co., Leipzig,

Bis Mitte der 1920er Jahre wurden zur Wiedergabe von Fotografien auf Ansichtskarten vor allem **Lichtdrucke,** teilweise auch Bromsilberdrucke verwendet. Beim Lichtdruck findet als Träger der Druckform eine etwa 10 mm dicke, matt geätzte Glasplatte Verwendung. Auf ihr wird eine lichtempfindliche Emulsion aus Chromatgelatine aufgebracht und getrocknet. Anschließend wird ein fotografisches Halbton-Negativ auf die Platte belichtet. Die auftreffende Lichtmenge bestimmt den Aushärtungsgrad der Gelatine und dann beim Druck den entsprechenden Tonwert. Typisch für Lichtdruckkarten ist das unter der Lupe erkennbare sogenannte Runzelkorn. Bei den später im Offsetdruck hergestellten Fotokarten ist dagegen ein Raster der Druckpunkte erkennbar.

Zugang zum Palmengarten am Klingerhain, um 1910, Verlag Harry Müller, Leipzig-Reudnitz

Das 1897 eingeweihte, vom BildhauerCarl Seffner geschaffene Karl-Heine-Denkmal am (ursprünglichen Standort) Klingerhain. Das Denkmal wurde 1940 an den heutigen Standort nahe dem Klingerweg versetzt. 1942 wurde die Bronzestatue eingeschmolzen und erst 2001 eine Kopie neu enthüllt. Die Karte aus dem Verlag von Louis Glaser, Leipzig, lief 1910.

Karl-Heine-Straße mit Plagwitzer Brücke im Vordergrund, gelaufen 1903, Dr. Trenkler & Co, Leipzig

Plagwitzer Brücke mit der 1865–1867 erbauten Klinger-Villa, Karl-Heine-Straße 2, gelaufen 1904, Dr. Trenkler & Co, Leipzig

Das 1898 errichtete Atelierhaus des Malers, Grafikers und Bildhauers Max Klinger im Garten der Klinger-Villa, Karl-Heine-Straße 2. Das Atelierhaus wurde im Zweiten Weltkrieg zerstört.
Die Karte lief 1905.

Karl-Heine-Straße 4 (?, heute überbaut) gelaufen 1911

Leipzig-Plagwitz
Carl Heinestrasse 14, den

Karl-Heine-Straße 14,
um 1906

unten:
Karl-Heine-Straße 24
(Ansicht vom Garten),
gelaufen 1926 und 1937

Leipzig-Plagwitz, den 19. 4. 1926.
Carl-Heine-Straße 24

Lieber Wolfgang! Du schweigst in allen Sprachen. Hast Du so viel zu tun? Wir sind nun schon seit 14. d. M. zurück. Mutti wird mit Hilden und den Buben am [illegible] erwartet. Sie schreibt begeistert von dem herrlichen Frühling den wir ja auch noch dort erlebt haben. Gestern Abend waren wir in Böhlitz. Josi sah sehr gut aus. Sie hat forsche Taschen be-

Leipzig W 31, den 26. 3. 37.

Meine Lieben! Ich bin auf der Fahrt nach Kassel z. Z. in Weimar. Die Sonne scheint. Ich gedenke Euer und wünsche Euch mit den Kindern ein frohes Ostern.

Mit herzlichen Grüßen
Euer alter Vater.

Karl-Heine-Straße mit dem 2004 abgerissenen Gebäude der Leipziger Vereinsbank (Nr. 30, Ecke Zschochersche Straße) und der ebenfalls abgerissenen Villa Biehl (Nr. 28), gelaufen 1907, Verlag C. Jungmann, Inhaber Gustav Rudolph, Leipzig-Plagwitz

Karl-Heine-Straße zwischen Zschocherscher Straße und Elisabethallee (heute Erich-Zeigner-Allee), gelaufen 1923, Karl Fickenscher, Leipzig

Karl-Heine-Straße, Ecke Zschochersche Straße rechts der Felsenkeller, gelaufen 1917

Felsenkeller an der Karl-Heine-Straße, gelaufen 1916, Photographie u. Verlag von Reinhold Knobbe, Leipzig

Der 1890 nach Plänen der Leipziger Architekten August Herrmann Schmidt und Arthur Johlige errichtete Felsenkeller, Adolph Richter, Leipzig-Lindenau

Ballsaal des Felsenkellers mit Festschmuck, gelaufen 1914

Erinnerung an das Konzert des Berliner Sängerbundes am 13.8.1911

Felsenkeller, gelaufen 1907, Verlag Reinhold Knobbe, Leipzig

Schmuckplatz (heute Karl-Heine-Platz) mit Blick zur Karl-Heine-Straße, rechts das Städtische Brausebad, gelaufen, um 1906, Verlag Reinhold Knobbe, Leipzig. Der Platz war zwischen 1844 und 1866 der Friedhof Lindenau und hieß daher im Volksmund „Knochenplatz".

Plagwitzer Möbelhallen, Karl-Heine-Straße 61, um 1906

Konditorei und Café Max Förster, Birkenstraße 32, Ecke Karl-Heine-Straße, um 1914, Kunstverlag F. Kirschmann, Leipzig

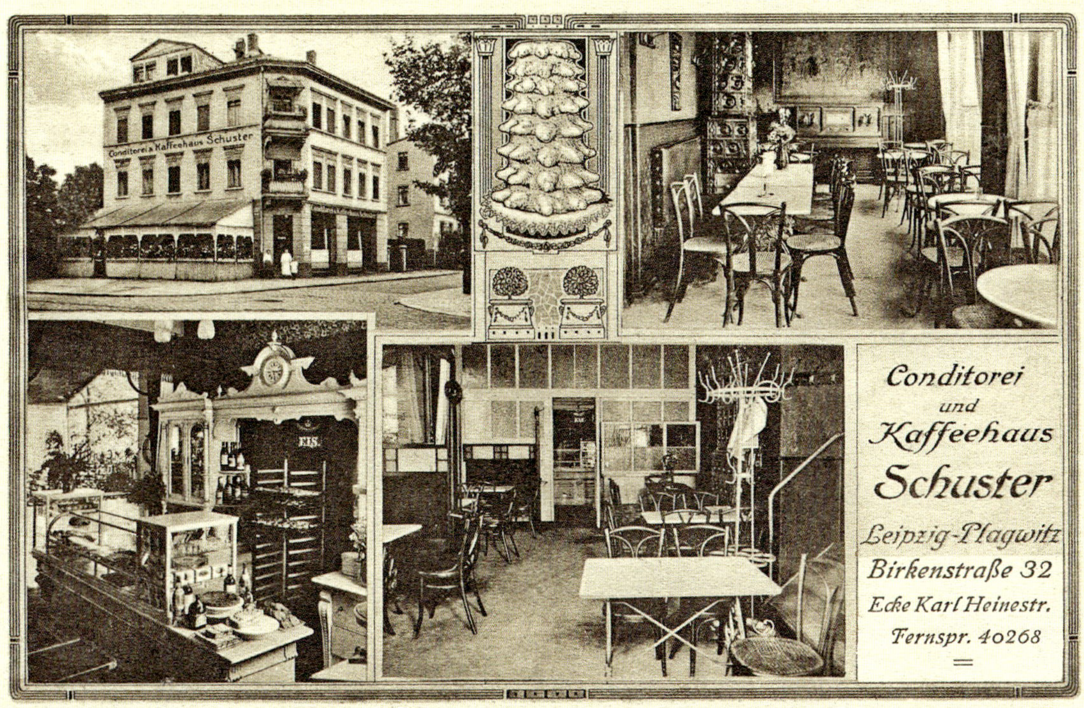

Das Café Birkenstraße 32 firmierte später unter „Conditorei und Kaffeehaus Schuster", gelaufen 1926, Photo-Postler, Leipzig-Plagwitz

Das 1904 entstandene Kaufhaus M. Joske & Co., Karl-Heine-Straße 43/45, Ecke Ziegelstraße, gelaufen 1911

Karl-Heine-Straße, Blick zur Kreuzung Merseburger Straße, rechts die Gleise zum ehemaligen Straßenbahndepot Karl-Heine-Straße 85/87, um 1910. Die Karte erinnert zudem daran, dass die Karl-Heine-Straße die Flurgrenze zwischen Lindenau (links) und Plagwitz (rechts) markiert, Verlag C. Jungmann, Inhaber Gustav Rudolph, Leipzig-Plagwitz

Das Straßenbahndepot Karl-Heine-Straße 85/87 eröffnete 1881 für die Leipziger Pferde-Eisenbahn und wurde 1935 stillgelegt. Die Karte aus dem Verlag von Reinhold Knobbe, Leipzig, lief 1905.

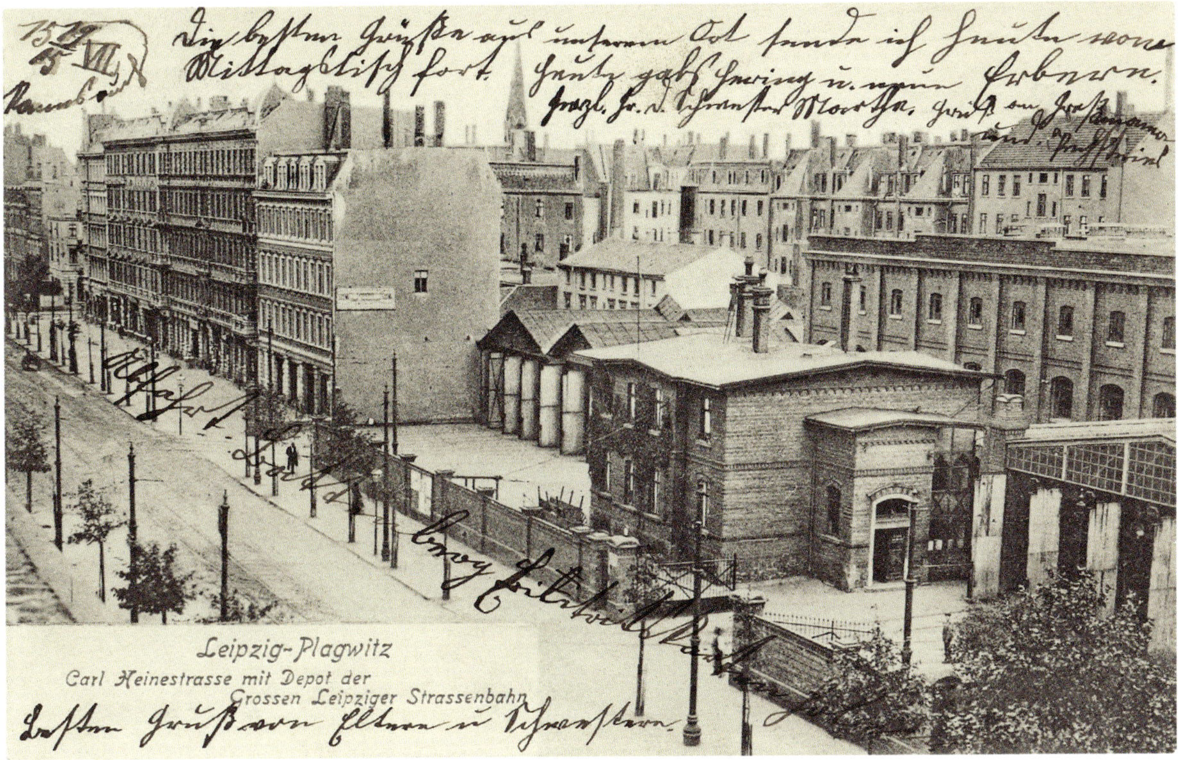

Pferdeturmwagen (1896–1926), Abteilung Stromversorgung, um 1918

Blick von der König-Albert-Brücke in die Karl-Heine-Straße nach Osten, gelaufen 1912, Kunstanstalt Carl Drechsler, Leipzig-Reudnitz

Ecke Karl-Heine-Straße, Friedrich-August-Straße (heute Engertstraße), um 1906, Verlag C. Jungmann, Inhaber Gustav Rudolph, Leipzig-Plagwitz

Blick von der Karl-Heine-Straße zur Bahnunterführung Saalfelder Straße und auf die 1908 geweihte St. Marienkirche (nach 1923 Liebfrauenkirche), Karl-Heine-Straße 112, gelaufen 1913, Verlag Albin Kasel, Buch- u. Papierhandlung, Leipzig-Lindenau, Karl-Heine-Straße 110

Am Plagwitzer Bahnhof, Verlag das schöne Leipzig, 1906

Der Bahnhof Plagwitz wurde 1873 als Zeitzer Bahnhof der Kgl.- Preußischen Staatseisenbahnen eröffnet und trägt seit 1922 die Bezeichnung-Bahnhof Leipzig-Plagwitz. Die Karte lief 1907.

Bahnsteige am Bahnhof Plagwitz, 1907, Verlag Fritz Knobbe, Leipzig

Bahnhofsrestaurant Leipzig-Plagwitz mit Blick zur 1908 erbauten St. Marienkirche (nach 1923 Liebfrauenkirche), gelaufen 1908

Gastwirtschaft „Thüringer Hof" an der Ecke zur Naumburger Straße, gegenüber dem Plagwitzer Bahnhof, um 1920, Fotograf G. Jahn, Leipzig

Gast- u. Logierhaus „Thüringer Hof"
vis a vis vom Plagwitzer Bahnhof
Inh. Hermann Hellwig
ff. Naumann Biere - Vorzügliche Küche
Tel. 43597

Bahnarbeiter auf dem Plagwitzer Verladebahnhof, gelaufen 1920, Fotograf und Verlag P. Berg, Leipzig-Anger

Bedienstete der Kgl. Sächsischen Güterabfertigung am Bahnhof Plagwitz-Lindenau, 1916

Streckenarbeiter/innen am Plagwitzer Bahnhof, 1910

Angestellte und Beamte der Kgl. Sächsischen Staatsbahn am Bahnhof Plagwitz, um 1912

Leipzig-Plagwitz **Blick in die Zschocher'sche Strasse.**

Die herzlichsten Grüsse
[illegible]
O. Altmann.

Verlag Gustav Rudolph, Leipzig-Plagwitz.

Auftakt der Zschocherschen Straße am „Hölzernen Schimmel" (Lindenau), Blick nach Süden, gelaufen 1907, Verlag C. Jungmann, Inhaber Gustav Rudolph, Leipzig-Plagwitz

linke Seite: Blick in die Zschochersche Straße nach Süden von der Kreuzung zur Karl-Heine-Straße, gelaufen 1903, Verlag Gustav Rudolph, Leipzig-Plagwitz

Abzweig der Elisabethallee (heute Erich-Zeigner-Allee) von der Zschocherschen Straße, um 1906. Das querstehende Haus in der Mitte markiert die Flurgrenze zwischen Lindenau und Plagwitz. Die Karte erschien im Verlag C. Jungmann, Inhaber Gustav Rudolph, Leipzig-Plagwitz.

Zschochersche Straße unmittelbar an der Kreuzung Karl-Heine-Straße, links der Felsenkeller, rechts das 2004 abgerissene Gebäude der Leipziger Vereinsbank, gelaufen 1902

Zschochersche Straße, Blick von der Kreuzung Karl-Heine-Straße nach Süden, gelaufen 1923

Porträtaufnahmen des Fotografen M. Heine, Zschochersche Straße 7 b, um 1910

Das 2004 abgerissene Gebäude der Leipziger Vereinsbank, Zschochersche Straße, Ecke Karl-Heine-Straße, um 1920

Zschochersche Straße 31 mit der Fleischerei von Hermann Munk und dem Hutgeschäft von Rosa Kathe (Modistin), später Römer & Bartmuß Damenhüte, um 1920

Zschochersche Straße, links Nr. 30/32 mit der Buch- und Papierhandlung C. Jungmann, Inhaber Gustav Rudolph, gelaufen 1899. Das Geschäft verlegte einen großen Teil der in diesem Buch enthaltenen Ansichtskarten.

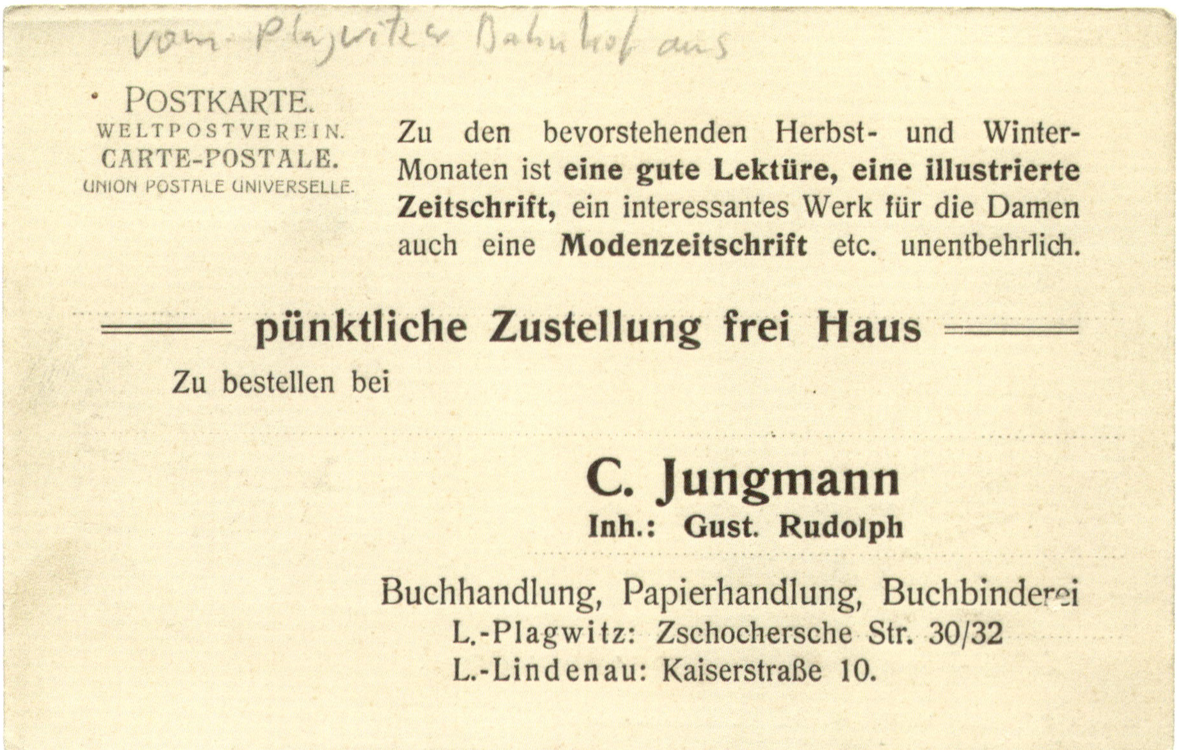

vom Plagwitzer Bahnhof aus

POSTKARTE.
WELTPOSTVEREIN.
CARTE-POSTALE.
UNION POSTALE UNIVERSELLE.

Zu den bevorstehenden Herbst- und Winter-Monaten ist **eine gute Lektüre, eine illustrierte Zeitschrift,** ein interessantes Werk für die Damen auch eine **Modenzeitschrift** etc. unentbehrlich.

pünktliche Zustellung frei Haus

Zu bestellen bei

C. Jungmann
Inh.: Gust. Rudolph

Buchhandlung, Papierhandlung, Buchbinderei
L.-Plagwitz: Zschochersche Str. 30/32
L.-Lindenau: Kaiserstraße 10.

Werbung der Firma C. Jungmann, Inhaber Gustav Rudolph, Leipzig-Plagwitz, auf der Rückseite einer Ansichtskarte vom Plagwitzer Bahnhof, um 1910

Konditorei und Café Bernhard Bexte (später Café Götz), Zschochersche Straße 26, gelaufen 1911, Paul Morgenstern, Leipzig

Konditorei & Kaffeehaus Götz, gelaufen 1941, Foto Postler Leipzig

Krügers Butterhaus, Zschochersche Straße 41 a, um 1925

Krügers Butterhaus, Zschochersche Straße 41a, 1931(später Otto Heide Butterhandlung), Anton Blaschke, Leipzig-Plagwitz

Angestellte von Krügers Butterhaus, Inhaber Otto Heide, um 1934

Amalienstraße 8, um 1920, Leipziger Bromsilber-Postkartenfabrik Bromophot, Leipzig-Kleinzschocher

Zschochersche Straße 46 mit Zuckerwarenladen Ida Erfurdt und Schuhwaren Morris Lipschitz, um 1920

„Photobrom- und Chromobrom-Postkarten" wurden auf fotografisch maschinellem Wege hergestellt. Die 1903 gegründete Firma „Aristophot für photographischen Maschinendruck" in Taucha beschreibt das von ihr angewendete Kilometerverfahren so: „Die fertigen Negative werden in einer Gesamtbreite von 60 cm automatisch elektrisch belichtet; eine Bahn von Bromsilberpapier bewegt sich automatisch über Rollen und dann, nachdem die Kopien fertig sind, in Säure- und Wasserbäder und hängt sich automatisch in dem ungefähr 60 m langen Trockenraum auf. Auf diese Weise werden an einem Tage mit vier Maschinen vier Kilometer Postkarten erzeugt." Ähnlich dürften auch andere Firmen dieser Branche gearbeitet haben.

Der Saal der „Westendhallen“ (1944 zerstört) mit Maskenball-Dekoration, gelaufen 1914

„Westendhallen“ mit dem um 1870 entstandenen Vordergebäude und dem Biergarten, Zschochersche Straße 39/41, Ecke Amalienstraße

oben links: Fabrikationsgebäude der Bauklempnerei mit Installationsgeschäft Max Zernack, gegründet 1894, Lauchstädter Straße 13. Die Firma firmierte später unter Leipziger Blechemballagenfabrik Max Zernack und stellte vor allem Blechdosen und -verpackungen her (siehe Werbekarte rechts).

oben rechts: Ladengeschäft der Firma von Max Zernack, Zschochersche Straße 51, um 1920

Sommerschauturnen des 1861 gegründeten Turnvereins Leipzig-Plagwitz, Turnplatz Schmiedestraße 12, 1927

Die Turnhalle des Turnvereins Leipzig-Plagwitz, Schmiedestraße 12 und (unten) Ansicht von der Lauchstädter Straße, 1916, Verlag C. Jungmann, Inhaber Gustav Rudolph, Leipzig-Plagwitz

Zschochersche Straße 57
(heute überbaut) an der
König-Johann-Brücke,
um 1916

Schmiedestraße 15, 1910

Zschochersche Straße an der König-Johann-Brücke, links Nr. 52, rechts Nr. 57, um 1915, Verlag C. Jungmann, Inhaber Gustav Rudolph, Leipzig-Plagwitz

Die 1868 von Gustav Najork gegründete und nach 1871 an der Zschocherschen Straße 48 (heute dort Elster-Passage) ansässige Leipziger Chromo- und Kunstdruckpapierfabrik AG, gelaufen 1908

Reichsmark 100.-

Leipziger Chromo- und Kunstdruck-Papierfabrik
vorm. Gustav Najork, Aktiengesellschaft
Leipzig

100 Reichsmark STAMMAKTIE №04295

über

EINHUNDERT REICHSMARK

Der Inhaber dieser Stammaktie ist für den Betrag von Einhundert Reichsmark bei der Leipziger Chromo- und Kunstdruck-Papierfabrik vorm. Gustav Najork, Aktiengesellschaft, als Aktionär mit allen satzungsmäßigen Rechten und Pflichten beteiligt.

LEIPZIG, am 29. Dezember 1934.

Leipziger Chromo- und Kunstdruck-Papierfabrik
vorm. Gustav Najork, Aktiengesellschaft

Der Aufsichtsrat Der Vorstand

Stammaktie der Leipziger Chromo- und Kunstdruckpapierfabrik AG, 1934

Blick von der Elisabeth-brücke zur König-Johann-Brücke, um 1904

Fuhrwerk der Firma Kurt Uhlemann, im Hintergrund die Zschochersche Straße 54 an der König-Johann-Brücke, um 1920

Geschäftshaus des Fuhrunternehmers Kurt Uhlemann, Zschochersche Str. 65, um 1920

Gebäude der um 1860 eingerichteten Landwirtschaftlichen Ökonomie von Karl Heine, Zschochersche Straße 69, 1908. Zum Zeitpunkt der Aufnahme hatte hier die Maschinenfabrik Max Friedrich & Co. ihren Standort. 1993–1996 entstand auf der Areal ein Berufsbildungszentrum der Deutschen Telekom AG (heute Commundo-Tagungshotel Leipzig). Die Karte erschien im Verlag C. Jungmann, Inhaber Gustav Rudolph, Leipzig-Plagwitz.

Fleischerei Gertrud Drechsel, vorher Fleischermeister Hermann Drechsel, Zschochersche Straße 74, um 1920

Zschochersche Straße 73, Ecke Eduardstraße (heute mit Wohnanlage überbaut), um 1920

„Zur kleinen Markthalle“ mit Delikatessengeschäft von Berta Bohne, Zschochersche Straße 77, um 1920, Bromophot, Leipzig-Kleinzschocher

Leipzig-Plagwitz
Altes Dorf
eiche.
nd Spedition-
Verladungsgeschäft.
usfuhrwesen.
Gesellschaftswagen.
Hochzeiten.
al befindet sich
Ecke Weissenfelser
che Strasse №17B
en-Strasse №36A
Gosen-Schlössc
Emil Hammer

Hochwasser in der Alten Straße am 6. Februar 1909, rechts die ehemalige Eisengießerei Dambacher, Alte Straße 25-29

linke Seite: Blick in die Alte Straße nach Süden von der Ecke Ernst-Mey-Straße, rechts das „Gosenschlösschen", 1907, Verlag das schöne Leipzig

Hochwasser in der Alten Straße am 6. Februar 1909, Blick Richtung Elisabethallee (heute Erich-Zeigner-Allee)

Gruß aus dem „Gosenschlösschen", Alte Straße 6, gelaufen 1909, Verlag Peter Jacob, Leipzig-Lindenau, Aufdruck auf der Anschriftseite: „Gosenschlösschen / Leipzig-Plagwitz, Elisabeth-Halle / Bes. E. Hammer"

In dem 1888 gegründeten „Gosenschlösschen (Gebäude 1859 erbaut) wurde u. a. Döllnitzer Rittergutsgose ausgeschenkt, die bis in die 1930er Jahre mit der Pferdekutsche angeliefert wurde, gelaufen 1907. Die Karte gab E. Rühle, Leipzig-Anger, heraus.

„Gosenschlösschen, Bes.: F. Heyne, Theater-Bühne mit elektrisch Licht und Verwandlungen, grosser und kleiner Saal, diverse Vereinszimmer, Garten, Kolonnaden“, gelaufen 1915, Kunstverlag Carl Drechsler, Leipzig

„Gosenschlösschen“ mit der um 1915 erfolgten Giebelgestaltung mit fünf Putzreliefs, um 1920, Verlag Leipziger Hausfleiß

Werbekarte mit der traditionellen Anlieferung der Gose, um 1930

Das neue Ortszentrum von Plagwitz mit Post (links) und Rathaus, gelaufen 1904

Panoramablick: Weißenfelser Straße mit Kirche, im Hintergrund die Fröbelstraße, gelaufen 1902

Weißenfelser Straße mit Rathaus (links) und Durchblick zur Kirche, gelaufen 1910, Kunstanstalt Carl Drechsler, Leipzig-Reudnitz

Das 1883/84 nach Plänen des Architekturbüros Pfeifer & Händel errichtete Plagwitzer Rathaus, Alte Straße 20–22, Ecke Weißenfelser Straße, gelaufen 1916, Karl Fickenscher, Leipzig

Heilandskirche mit Blick in die Elisabethallee (links) und in die Fröbelstraße (rechts), um 1910, Zeichnung und Verlag Peter Jacob, Leipzig-Lindenau

Weißenfelser Straße (links angeschnitten das Rathaus) mit Blick auf die Heilandskirche und das Frauenheim, gelaufen 1902, Verlag C. Jungmann, Inhaber Gustav Rudolph, Leipzig-Plagwitz

Die 1886–1888 nach Plänen des Berliner Architekten Johannes Otzen errichtete ev.-lutherische Heilandskirche, Weißenfelser Straße 16, gelaufen 1916, Karl Fickenscher, Leipzig

Werbekarte und Werbeblätter (unten) des Tuchversand-Geschäftes Christian Günther, Weißenfelser Straße 7, um 1920. Das Geschäft warb gern auf Ansichtskarten und gab viele Motive aus Plagwitz und Leipzig heraus.

Blick vom Frauenheim auf die Kreuzung Weißenfelser Straße/ Elisabethallee (heute Erich-Zeigner-Allee) mit Rathaus und Schule (heute Erich-Zeigner-Schule), gelaufen 1904, Verlag Reinhold Knobbe, Leipzig

Weißenfelser Straße mit Blick zur Elisabethallee (heute Erich-Zeigner-Allee), gelaufen 1907, Verlag C. Jungmann, Inhaber Gustav Rudolph, Leipzig-Plagwitz

ORTSANSICHTEN 1900–1930:
ERICH-ZEIGNER-ALLEE

Elisabethallee (heute Erich-Zeigner-Allee) mit Blick zum Felsenkeller, gelaufen 1901, Verlag Reinhold Knobbe, Leipzig

linke Seite: Blick in die Elisabethallee (heute Erich-Zeigner-Allee) von der Zschocherschen Straße, gelaufen 1902, Verlag C. Jungmann, Inhaber Gustav Rudolph, Leipzig-Plagwitz

Das 1912 gegründete Kinderheim Jedidja, Leipzig-Plagwitz, Elisabethallee 9 (heute Erich-Zeigner-Allee), um 1920

Elisabethallee (heute Erich-Zeigner-Allee) mit dem noch unbebauten Eckgrundstück Karl-Heine-Straße 24, um 1904, Verlag C. Jungmann, Inhaber Gustav Rudolph, Leipzig-Plagwitz

Elisabethallee (heute Erich-Zeigner-Allee) mit dem 1905 erbauten Eckgrundstück Karl-Heine-Straße 24, um 1908, Verlag C. Jungmann, Inhaber Gustav Rudolph, Leipzig-Plagwitz

Elisabethallee (heute Erich-Zeigner-Allee) an der Kreuzung Weißenfelser Straße, gelaufen 1908, Verlag Johs. Melly, Leipzig-Plagwitz

Bäckerei Richard Friedrich, Weißenfelser Straße 14, Ecke heutige Erich-Zeigner-Allee, um 1920

Kochunterricht in der XIII. Bürgerschule (heute Erich-Zeigner-Schule), 1921

Flanieren auf der Elisabethallee (heute Erich-Zeigner-Allee) in Höhe der Schule, um 1905

Elisabethallee (heute Erich-Zeigner-Allee) an den Abzweigen der Lauchstädter Straße (links) und Alten Straße, gelaufen 1904, Verlag Reinhold Knobbe, Leipzig

Elisabethallee (heute Erich-Zeigner-Allee), Blick nach Norden, links der Abzweig der Lauchstädter Straße, um 1906

Blick von der heutigen Elisabethbrücke nach Norden in die Elisabethallee (heute Erich-Zeigner-Allee) und in die Alte Straße, gelaufen 1921, Verlag Johs. Melly, Leipzig-Plagwitz

Karl-Heine-Kanal an der Elisabethbrücke, gelaufen 1911, Verlag C. Jungmann, Inhaber Gustav Rudolph, Leipzig-Plagwitz

Blick von der König-Johann-Brücke auf die 1902 erbaute Elisabethbrücke und die Industriebauten an der Nonnenstraße, links die ehemalige Anlegestelle der Personenschifffahrt, rechts das Areal der späteren Nutzholzhandlung, gelaufen 1908, Foto und Verlag von Reinhold Knobbe, Leipzig

Rechnungskopf der Nutzholzhandlung Schurich, 1934 (heute Kunststoff-Zentrum, Erich-Zeigner-Allee 44)

Ortsansichten 1900–1930

Nonnenstrasse und Umgebung

Blick von der Könneritzbrücke auf das Bootshaus des Rudervereins „Sturmvogel“, links das Fabrikgelände von Mey & Edlich (Neubau 1906/07), gelaufen 1911

linke Seite: Weiße Elster am Zufluss der Rödel, im Hintergrund die Heine-Villa an der Könneritzstraße, die Könneritzbrücke und (dahinter) ein Teil der Fabrik von Mey & Edlich an der Nonnenstraße, um 1905, Verlag C. Jungmann, Inhaber Gustav Rudolph

Blick von der Plagwitzer Brücke auf die Weiße Elster und in die Nonnenstraße, gelaufen 1918, Verlag Albin Kasel, Buch- u. Papierhandlung, Leipzig-Lindenau

Nonnenstraße, Ecke Ernst-Mey-Straße mit Versandhaus Mey & Edlich (abgerissen), um 1906, Verlag C. Jungmann, Inhaber Gustav Rudolph, Leipzig-Plagwitz

Fabrikgebäude der Firma Mey & Edlich, Nonnenstraße 5 (heute überbaut), um 1905, Verlag C. Jungmann, Inhaber Gustav Rudolph, Leipzig-Plagwitz

Gummiwarenfabrik Philipp Penin AG, Nonnenstraße 40–44, gelaufen 1903, Verlag C. Jungmann, Inhaber Gustav Rudolph, Leipzig-Plagwitz

Arbeiterinnen der Gebläseabteilung der Gummiwarenfabrik Philipp Penin AG, 1911

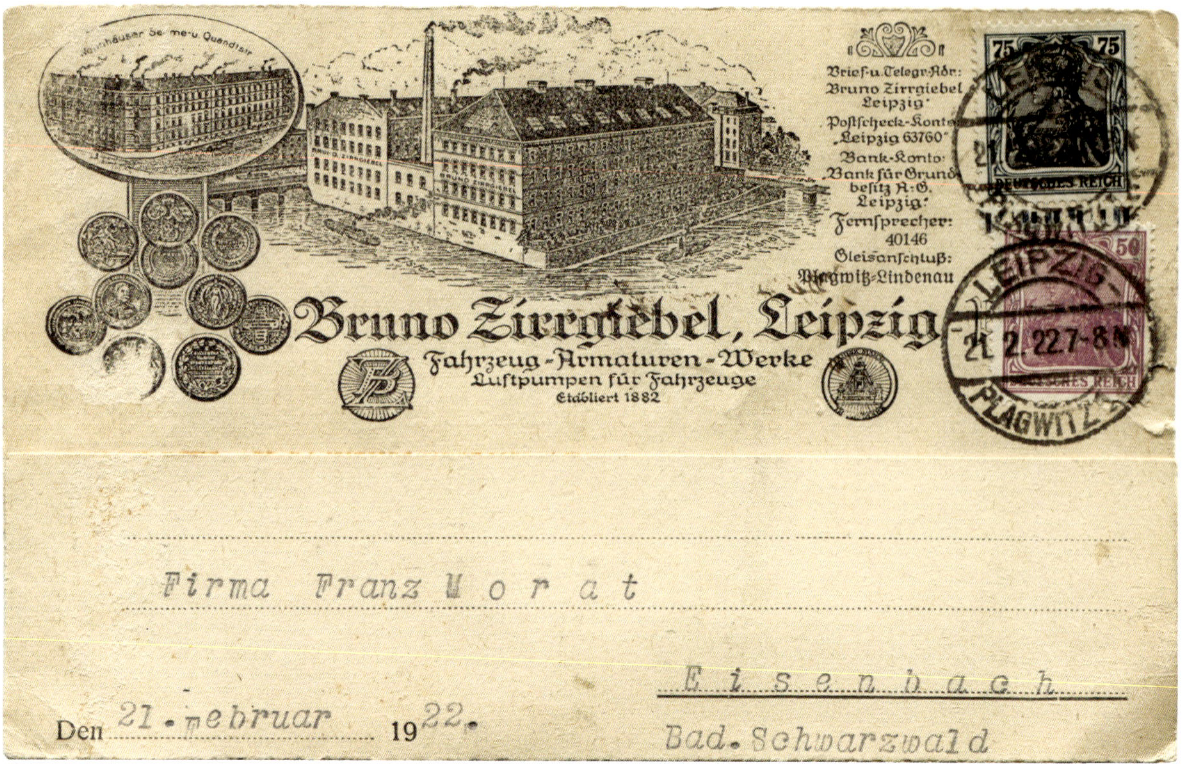

Postkarte der Fahrzeug-Armaturen-Werke Bruno Zirrgiebel AG, Nonnenstraße 25–27 (heute dort Seniorenheim), links die Karlbrücke, rechts die Nonnenbrücke, gelaufen 1922

Vertreterkarte der Sächsischen Wollgarnfabrik AG (vorm. Tittel & Krüger, später Buntgarnwerke), um 1912

Hochwasser der Weißen Elster am 6. Februar 1909, Blick von der Könneritzbrücke nach Süden, gezeichnet von Peter Jacob, verlegt von Albert Lahl, Leipzig

Das 1885 auf Veranlassung von Karl Heine gebaute Bootshaus (ursprünglich für den Ruderverein „Sturmvogel", ab 1905 vom Thomaner-Ruder-Verein übernommen) an der Einfahrt zum Karl-Heine-Kanal bzw. an der Nonnenbrücke. Die Karte lief 1908.

Ernst-Mey-Straße 9 mit Kolonialwarenhandlung Emma Hartung (heute überbaut), gelaufen 1910

Erdmannstraße 2, Ecke Kolbestraße mit dem Schnittwarengeschäft von August Hartmann, gelaufen 1909, Original-Bromsilberpostkarte, Leipziger Bromsilber-Postkartenfabrik „Bromophot", Leipzig-Kleinzschocher

Es waren vor allem Wanderfotografen und Inhaber sogenannter Kunstanstalten, die durch die Straßen zogen und Bewohnern, Geschäftsleuten und Gastwirten anboten, ihr Haus zu fotografieren, um anschließend eine vereinbarte Mindeststückzahl an Fotokarten für den oder die Besteller anzufertigen. Die „Ausbeute" waren oft wenige Mark. Bei Geschäftsinhabern und Gastwirten lohnten sich die Mühen schon eher, wenn ein- oder zweihundert Karten bestellt wurden. Nur in den wenigsten Fällen sind auf den Karten der Fotograf oder die Kunstanstalt verzeichnet. Einzig die Photographische Kunstanstalt Oskar Winckler, Leipzig-Kleinzschocher und der Leipziger Bromsilber Postkarten-Verlag von R. Jahn in Stötteritz waren überregionale Anbieter auf diesem Gebiet. Selten sind Angaben zu den dargestellten Objekten vermerkt, was die heutige Zuordnung erschwert. Die individuelle Note dieser Karten wird noch dadurch unterstrichen, dass sich fast immer die Hausbewohner, Geschäfts- und Lokalinhaber mit Familienangehörigen und Personal vor den Gebäuden postierten oder sich an den Fenstern zeigten.

Restaurant „Kairo", Erdmannstraße 5, um 1920, verlegt von Franz Minnivh, Leipzig-Stötteritz

Nonnenstraße 20 mit Restaurant Franz Kiessig, gelaufen 1913, Verlag Willy Schaarschmidt, Leipzig

Werbekarte der Kaffeegroßrösterei Max Richter u. a. mit den Gebäuden in der Erdmannstraße 6–12, um 1920

Werbekarte, um 1930

Rückseite der Werbekarte oben, um 1920

Leipziger Kraftfuhrwerks-Verein, Kraftdroschkenbetrieb, Reperaturwerkstatt, Forststraße 18, 1917

Leipziger Kraftfuhrwerks-Verein, Kraftdroschkenbetrieb, Reparaturwerkstatt, Wagenlackiererei, Forststraße 18, 1940

ORTSANSICHTEN 1900–1930
WEISSENFELSER -, MERSEBURGER - UND
LAUCHSTÄDTER STRASSE, INDUSTRIESTRASSE

Aufdruck auf der Rückseite: „Zur Erinnerung an die gemeinsame, frohe Zusammenarbeit bei der Firma: Eduard Hädge / Kolonialwaren / Weißenfelser Straße 47, aufgenommen am Donnerstag, den 8. März 1923"

linke Seite: Haltestelle Weißenfelser Straße, um 1912

Wagenpark der Transportfirma Albert Schmidt, Weißenfelser Straße 47, um 1920

Schmiede R. G. Hiller, Weißenfelser Straße 21,
um 1910, Original Bromsilber-Postkarte,
Verlag Leipzig-Plagwitz, Fröbelstraße 8

Plagwitzer Central Möbelhalle und Möbelfabrik mit Kraftbetrieb von Franz Thassler,
Weißenfelser Straße 34, um 1910

Weißenfelser Straße 58, Ecke Merseburger Straße mit Tabakladen von Gustav Wolfsteller, um 1920

Weißenfelser Straße 47, Ecke Merseburger Straße, um 1920
Leipziger Bromsilber-Postkartenfabrik „Bromophot“ , Leipzig-Kleinzschocher, Wigandstraße 36

Kolonialwaren Friedrich Albrecht, Lauchstädter Straße 33, gelaufen 1912

Merseburger Straße 22, u. a. mit Schuhmacherei von W. Schöne, gelaufen 1910

Ehemaliges Städtisches Krankenhaus Leipzig-Plagwitz, Ziegelstraße, (heute Walter-Heinze-Straße 20 a), gelaufen 1913. Verlag und Foto von Georg Friedrich, Leipzig, 1909.

Gasthaus Weißenfelser Straße 32, Ansicht von der Ziegelstraße (heute Walter-Heinze-Straße), gelaufen 1909, Verlag Fritz Kisse, Dresden

Lauchstädter Straße 23 mit Barbier-, Friseur- und Haarschneidesalon von Maximilian Harnisch, gelaufen 1909, Leipziger Bromsilber-Postkartenfabrik „Bromophot", Leipzig-Kleinzschocher

Zigarrenhandlung von Lina Jahr, Lauchstädter Straße 15 b, um 1920

Die 1908 eingerichtete Feuerwache West mit IV. Sanitätswache West, Lauchstädter Straße 37 am 16. März 1915, Fotograf Walter Selle, Leipzig-Sellerhausen

unten links: Wer die Nulpe von der Spritze der Feuerwache West war, bleibt das Geheimnis dieser Karte.

unten rechts: Gastwirtschaft zur Börse, Lauchstädter Straße 26, gelaufen 1926, Leonar

Jahnstraße 50, (heute Industriestraße)
mit dem Geschäft des Malers und
Tapeziermeisters Ernst Busch, 1908

Gastwirtschaft und Café Richard Keller, Jahnstraße
101 (heute Industriestraße, Ecke Gießerstraße),
gelaufen 1917, Otto Mitruschewski, Leipzig

Restauration „Zum Dampfschiff",
Jahnstraße 42 (heute Industriestraße), um 1910

Bäckerei und Konditorei von Gustav Haustein, Jahnstraße 36
(heute Industriestraße), um 1914

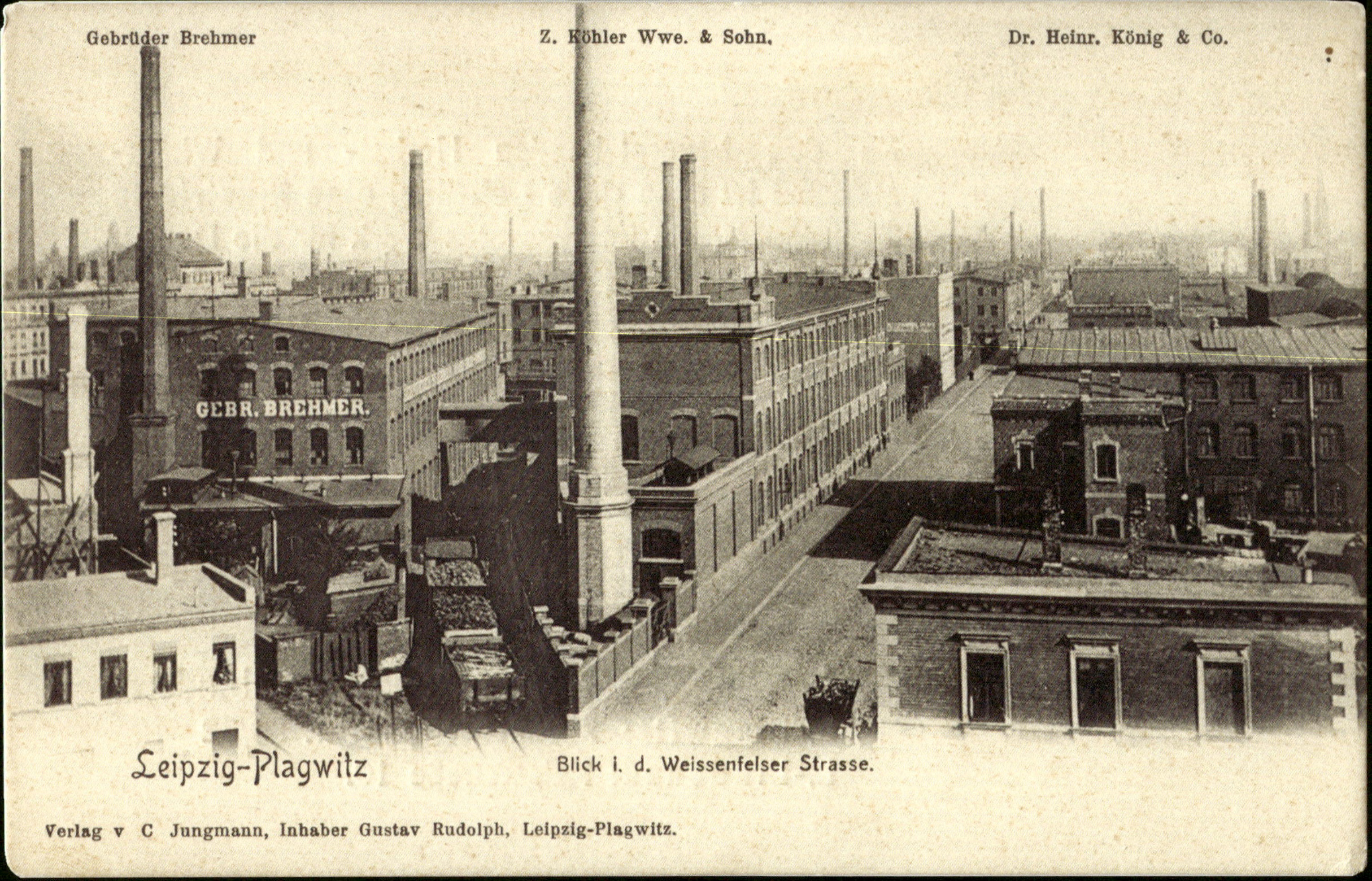

ORTSANSICHTEN 1900–1930

PLAGWITZER FABRIKVIERTEL

Die Unternehmen Grohmann & Frosch und Rud. Sack am Karl-Heine-Kanal bzw. an der Weißenfelser Straße, links die Gleise der Ladestelle (heute Stadtteilpark), um 1906

linke Seite: Blick vom Plagwitzer Bahnhof auf die Fabriken beiderseits der Weißenfelser Straße, um 1906

Blick vom Plagwitzer Bahnhof auf die Industriegleise südlich der Weißenfelser Straße zur Ladestelle I (heute dort Stadtteilpark), um 1906

Blick vermutlich von der IV. Realschule (heute Helmholtzschule) Richtung Südwesten auf den Karl-Heine-Kanal und die Leipziger Baumwollspinnerei in Neu-Lindenau, um 1906

Blick in die Braustraße (heute Naumburger Straße), um 1906, links das 1902 nach Plänen des Architekturbüros Händel & Franke errichtete Ausstellungsgebäude (heute Naumburger Straße 25) für die 1888 gegründete Firma H. Törpsch

Markranstädter Straße 2 mit der Maschinenfabrik Franke & Co. und der Drahtstiftfabrik Max Billhardt (Nrn. 4/6), um 1906

Blick von der heutigen Aurelienbrücke zur König-Albert-Brücke im Zuge der Karl-Heine-Straße, rechts die Fabrikanlagen von Rud. Sack, in der Mitte (an der Karl-Heine-Straße) die Maschinen- und Armaturenfabrik Schumann & Co., um 1906

Blick über die Fabrikbauten Gießerstraße 27 in Richtung heutiger Naumburger Straße, um 1906

In dem 1886 gegründeten Werk der Gebrüder Wetzel in Plagwitz, Markranstädter Straße 37/39, wurden vor allem Transmissionen bis 10 m Länge hergestellt (Marke „Lipsia"). Der Betrieb beschäftigte um 1913 bereits 220 Mitarbeiter. Die Karte lief 1919.

Teilansicht der Maschinenhalle der Fabrik für Transmissionen Gebr. Wetzel, gelaufen 1919

Fabrikansicht Gebr. Wetzel, Markranstädter Straße 37/39, um 1926

Das 1896–1898 nach Plänen des Architekturbüros Händel & Franke errichtete Firmengelände der 1819 gegründeten Schrift- und Stereotypengießerei Schelter & Giesecke in der Wachsmuthstraße 4 (nach 1952 VEB Druckmaschinenwerk „Universal“ Leipzig), um 1920. Die Firma fertigte vor allem Druckmaschinen, die weltweit Abnehmer fanden. Druckbeispiele einzelner Maschinen wurden gern auf Referenzkarten der Firma verbreitet (unten).

Karl-Heine-Straße mit Teilansicht der Landmaschinenfabrik Rud. Sack, der Villa des 1900 verstorbenen Rudolf Sack und der dahinter liegenden Eisengießerei Meier & Weichelt, um 1905. Die abgebildete Straßenseite gehörte bereits zur Flur Lindenau.

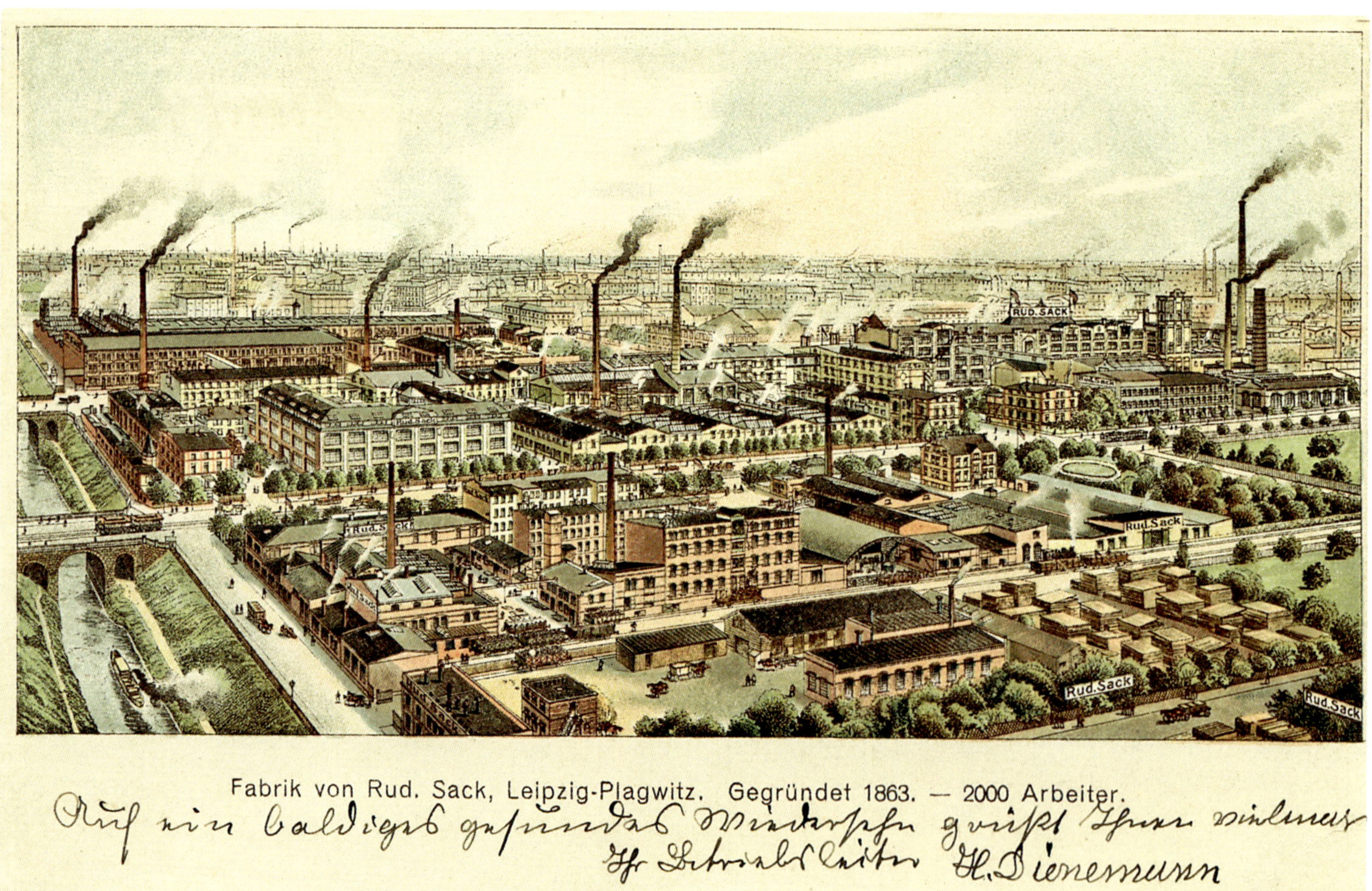

Das Areal der 1863 gegründeten Landmaschinenfabrik Rud. Sack beiderseits der Karl-Heine-Straße (ab 1867 am Standort) bzw. zwischen Aurelienstraße und Weißenfelser Straße 1913. Die Karte lief 1915.

Dampfhammerschmiede

Dampfhammerschmiede der Firma Rud. Sack, 1913

Stahlgiesserei

Stahlgießerei der Firma Rud. Sack, 1913

Die 1880 gegründete Kammgarnspinnerei Stöhr & Co. (ab 1911 Aktiengesellschaft) an der heutigen Erich-Zeigner-Allee. Die Firma lag auf der Flur Kleinzschocher, wurde aber gern (siehe unten und rechts) dem Plagwitzer Industriegebiet zugeordnet. Die Karte erschien im Verlag C. Jungmann, Inhaber Gustav Rudolph, Leipzig-Plagwitz, um 1906.

Gesamtansicht der Kammgarnspinnerei Stöhr & Co AG, um 1930. Die Fabrikanlage erstreckte sich zwischen heutiger Erich-Zeigner-Allee und Wachsmuthstraße.

Wollkämmerei der Kammgarnspinnerei Stöhr & Co. an der Wachsmuthstraße, um 1906, Verlag C. Jungmann, Inhaber Gustav Rudolph, Leipzig-Plagwitz

Ungewöhnlicher Blick auf die Kammgarnspinnerei Stöhr & Co. an der Limburgerstraße, im Vordergrund ein ehemaliger Teich nördlich der Antonienstraße. Die Karte lief 1908.

Die 1871 gegründete Kartonagenfabrik von H. Pohl, Elisabethallee 73 (heute Erich-Zeigner-Allee), wird heute als Büro- und Geschäftshaus „An der Weißen Elster“ genutzt.

Folgende Doppelseite: Werbekarten Plagwitzer Unternehmen, ca. 1914 bis 1940

A. Hochmann & Co.
Honig-Verwertung
Import – Export
Leipzig-Plagwitz
Klingenstraße 14
Telephon 40014
Überreicht durch:

Trinkt wie ich
Richter-Kaffee!

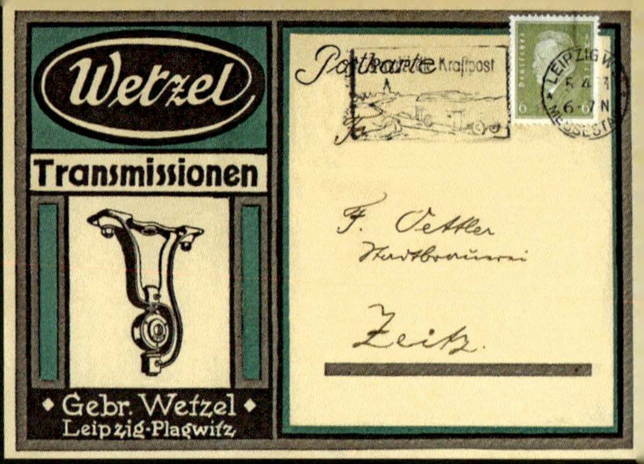
Wetzel
Transmissionen
Gebr. Wetzel
Leipzig-Plagwitz
Postkarte
Kraftpost
F. Vetter
Zeitz

Wilhelm Schröter
Zschochersche Str. 7A Leipzig-Plagwitz Zschochersche Str. 7A
Kinderwagen
Sportwagen, Leiterwagen
Puppenwagen.
Korbwaaren.
Completes Lager aller Arten
Körbe und Korbmöbel.
Hauptlager der Westvorstadt.
Reparaturen, sowie Bestellungen.

J.G. Schelter
& Giesecke
Leipzig
Atelier
pour Procédé en
Trois Couleurs
et Similigravures
Les Trois Couleurs.

GLOBUS SILBER
Das
giftfreie
hervorragende
Silberpflege-
und
Versilberungs-
mittel
D.R.P. angem.
GLOBUS SILBER
GIBT ECHTEN SILBERÜBERZUG
Einfachste Anwendung
Verblüffende Wirkung
FRITZ SCHULZ JUN. AG. LEIPZIG

1863–1913
RUD. SACK
LEIPZIG
PLAGWITZ

R. Köhler's Wwe. & Sohn
Chemische Fabrik
mit Dampfbetrieb.
Leipzig-Plagwitz
Directer Import amerikanischer und russischer Maschinen-Oele.
Lager in
Hamburg, Stettin, Klein-Wittenberg, Rotterdam und Plagwitz.
Oele für sämmtliche Special-Maschinen.
Specialitäten:
Ventoline Cylinder-Oele • Consistente Maschinen-Fette.
Empfohlen durch:

Gegr. 1911
GEBRÜDER HAFERKAMP, LEIPZIG W 32
Klingenstr. 22
ELEKTRISCHE DAMPFKESSEL- UND AUTOGENSCHWEISSEREI
Spezialität: Dampfkessel-Montage-Schweißungen — Spezial-Schweiß-Maschinen für alle Stromspannungen — Benzin-Schweiß-Aggregate — Elektrische und autogene Schweißung von Maschinenteilen aller Art, Autozylindern, Aluminiumgehäusen, Kupfer, Bronce usw.
Übernahme aller Kesselschmiedearbeiten, wie Nachstemmen von Nieten und Nähten, Nachwalzen undichter Siederohre, Einziehen neuer Nieten u. Einnieten von Flicken usw. — Tüchtige Spezial-Schweißer stets abrufbereit
Bankverbindung: Commerz- u. Privatbank · Depositenkasse N., Lindenauer Markt · Fernruf 45788

FELIX LASSE - LEIPZIG W31
Fabrik für Blechspielwaren
Verpackungen - Kunststoffartikel
Fabrik:
Markranstädter Str. 3
Telefon: 41026
Telegr.: Blechlasse
Zur Leipziger Messe: Petershof Stand 451
жестяные игрушки
Tin-Toys
Juegos de lata
Jouets en fer décoré
(M 306) 10254 Nr. 13010 11. 50. 1000

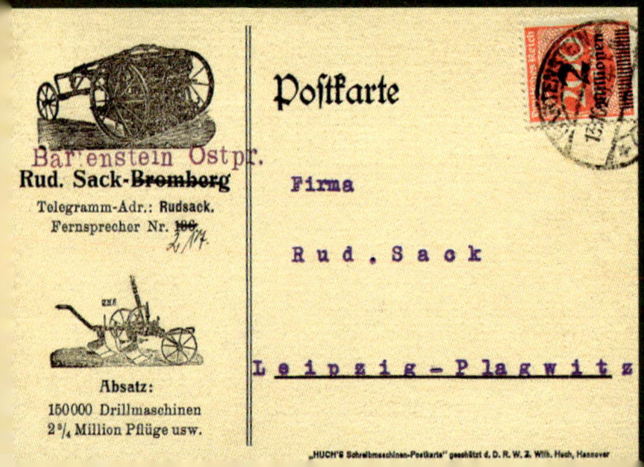
Postkarte
Ballenstein Ostpr.
Rud. Sack-Bromberg
Telegramm-Adr.: Rudsack.
Fernsprecher Nr. 180.
Firma
Rud. Sack
Leipzig-Plagwitz
Absatz:
150000 Drillmaschinen
2¾ Million Pflüge usw.

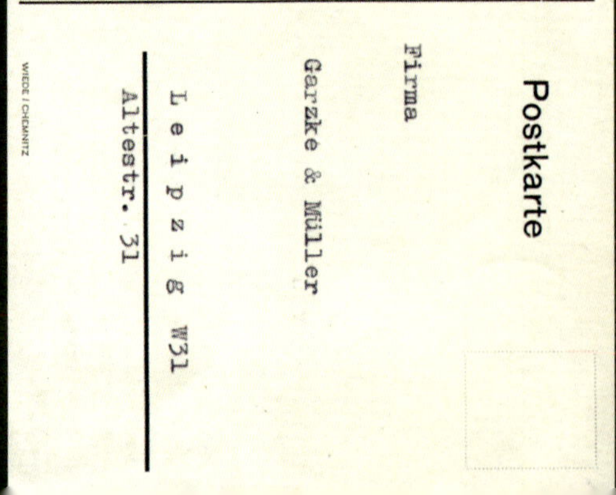
Postkarte
Firma
Garzke & Müller
Leipzig W31
Altestr. 31

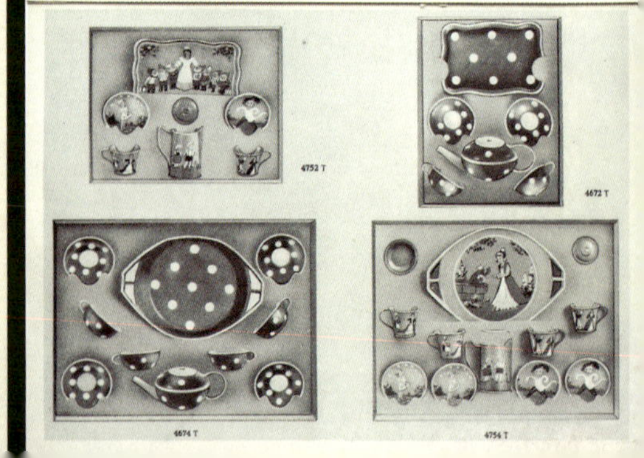

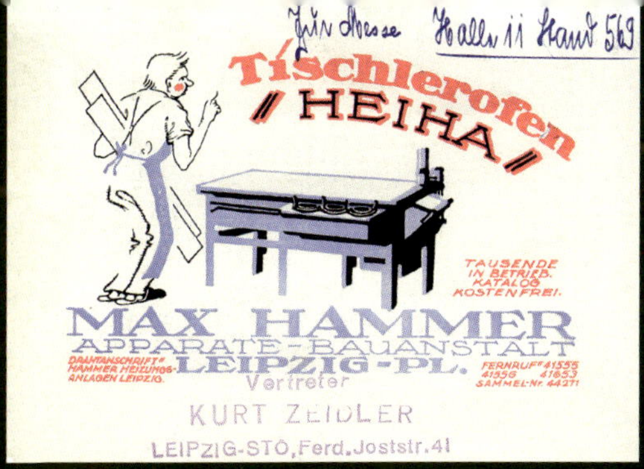

Tischlerofen
HEIHA
TAUSENDE IN BETRIEB. KATALOG KOSTENFREI.
MAX HAMMER
APPARATE-BAUANSTALT
LEIPZIG-PL.
Vertreter
KURT ZEIDLER
LEIPZIG-STÖ, Ferd. Joststr. 41

UNRUH & LIEBIG, LEIPZIG
Abteilung der Peniger Maschinenfabrik A.-G.
AUFZÜGE
zeitgemässe Ausstattung u. Sicherheitsvorrichtungen mit selbsttätiger Feineinstellung und selbsttätig schliessenden und öffnenden Türen
KRANE
in jeder Grösse besonders Einheitskräne
TRANSPORTANLAGEN
für alle Zwecke
Leipzig W31, Naumburger Str. 28, Fernspr. 44451

Ob Hundstagshitze, ob es schneit,
die Gose schmeckt zu jeder Zeit

Die besten
Glückwünsche
zum
neuen Jahre
Leipzig-Plagwitz
Rud. Leonhardt & Co.
Holzbearbeitungs-Maschinenfabrik

Drahtzäune
und
Zubehör
DRAHTWAREN-FABRIK
OSWALD WEBER
LEIPZIG-PLAGWITZ
NAUMBURGER STRASSE 19

Richard Köppe
Uhrmacher
Leipzig-Plagwitz
Zschochersche-Straße 55 (Am Kanal)
Reichhaltiges Lager aller Arten
Uhren, Optik, Goldwaren
SPEZIALITÄT:
Trauringe • Standuhren • Armbanduhren
in allen Preislagen
Werkstatt für solide Reparatur

Türkischrote Inletts
an Echtheit unübertroffen
Türkisch Rot

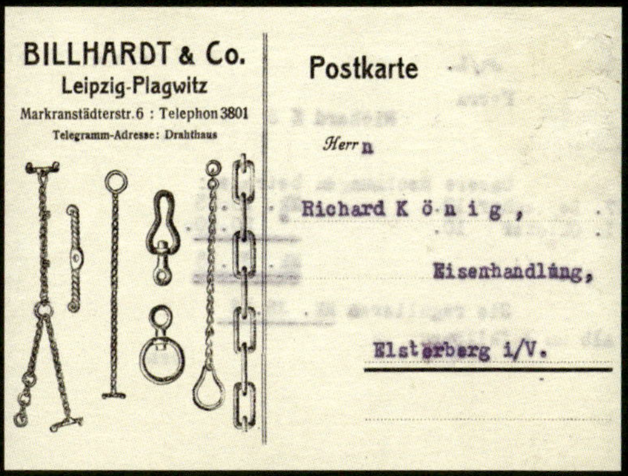

BILLHARDT & Co.
Leipzig-Plagwitz
Markranstädterstr. 6 : Telephon 3801
Telegramm-Adresse: Drahthaus
Postkarte
Herrn
Richard König,
Eisenhandlung,
Elsterberg i/V.

Naumann-Bräu
W. SPECHT, LEIPZIG

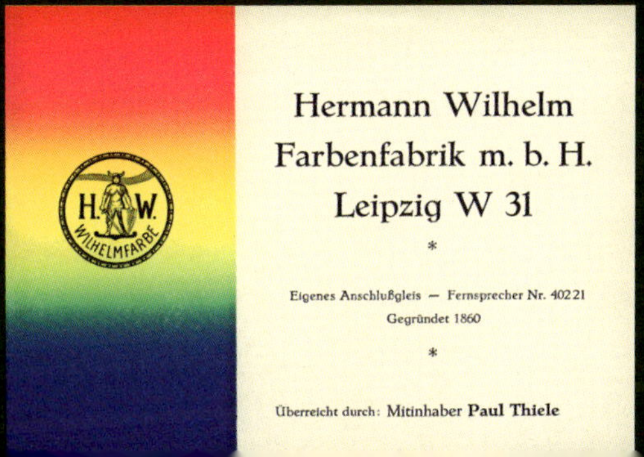

H W
WILHELMFARBE
Hermann Wilhelm
Farbenfabrik m. b. H.
Leipzig W 31
*
Eigenes Anschlußgleis — Fernsprecher Nr. 40221
Gegründet 1860
*
Überreicht durch: Mitinhaber Paul Thiele

H. Törpsch
Werkzeugmaschinen
LEIPZIG-PLAGWITZ Naumburgerstr. 25.
Postkarte.
Herrn
Gera-Reuss.
20./7.1921.

Dr. Trenkler Co., Leipzig.

Gebrüder Teichmann

Kunstmeisterfahrer v. Deutschland, Leipzig-Plagwitz

Plagwitzer Gesangsverein „Fröhliche Harmonie", gelaufen 1902

linke Seite: Kunstradfahrer Gebr. Teichmann aus Plagwitz, vor 1908

Fuhrunternehmer Kurt Uhlemann am Plagwitzer Bahnhof, um 1930

Anlasskarten bildeten neben den Ortsbildkarten bis heute den weitaus größten Teil verschickter Postkarten. Dabei wurden Feier- oder Geburtstage besonders bedacht. Doch gerade aus der Zeit zwischen der Jahrhundertwende und dem Zweiten Weltkrieg sind auch viele Ereignisse und sonstige Anlässe auf Ansichtskarten überliefert, die es offenbar wert waren, auf dem Postwege Verbreitung zu finden oder als Erinnerungsstück im Familienalbum zu landen. Ob Gewerkschaftsfest, Stiftungsfeiern, die stolze Präsentation von Turnern, Radlern oder Sportlern, aber leider auch Unglücksfälle und Katastrophen – dort, wo viele Menschen zusammenkamen und ein Fotograf ein Geschäft machen konnte, lohnte meist auch die Ausgabe einer Ansichtskarte.

Rekruten am Felsenkeller, um 1914

Der Kinderbund für entschiedenes Christentum Plagwitz auf einer Fahrt nach Johanngeorgenstadt, um 1925, Foto Möhring, Johanngeorgenstadt

Plagwitzer Straßenbahner an der Obstweinschenke in Rötha, 1910

Riege „Eintracht" des TV Plagwitz, Weihnachten 1926, Schmiedestraße 12

Die Leipziger Humor-Sänger hatten ihren Sitz in der Lauchstädter Straße 14.
Die Karte lief 1914.

Szene des Stückes „Im Feindesland“ der Leipziger Humor-Sänger.
Die Karte gab Alfred Schmidt, Photographische Kunstanstalt, Leipzig-Lindenau, heraus.

Die Städtische Haushaltsschule in der 24. Bezirksschule, Elisabethallee 24, 1920

Jubiläum der Butterhandlung Otto Heide, Zschochersche Straße 36, (Zweitgeschäft Dieskaustraße 25), 1926

Der Radfahrer- und Kegelclub „Wanderer-Leipzig“ gegründet 1892, hatte sein Vereinshaus in den Westendhallen in Plagwitz.

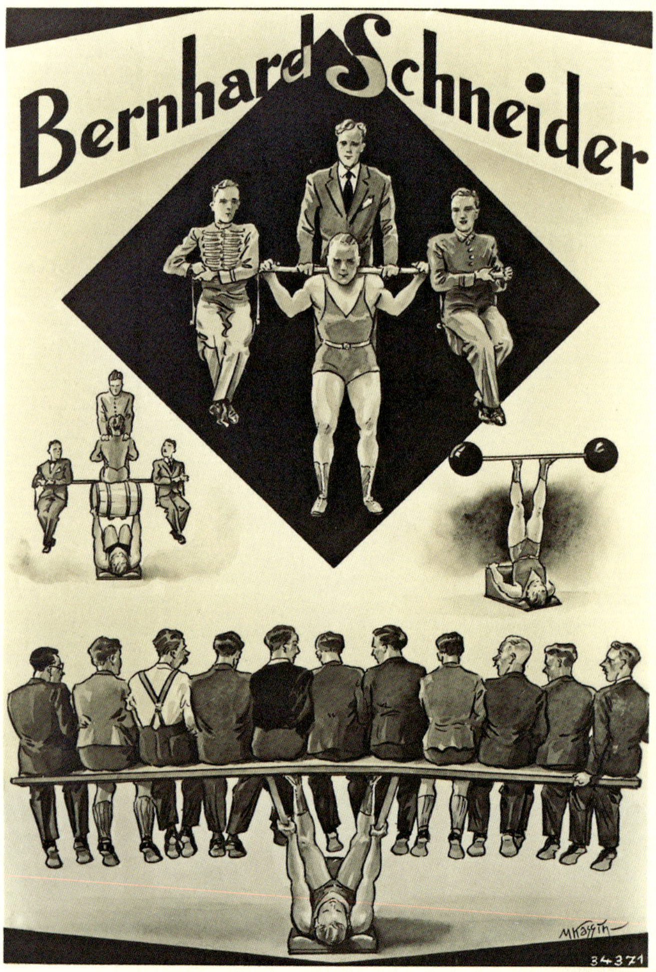

Werbekarte des Gewichthebers und „starken Mannes“ Bernhard Schneider aus Plagwitz, Erdmannstraße 8, um 1930, Graphische Anstalt Gebr. Garloff, Magdeburg

Streikende des Plagwitzer Pumpen- und Gebläsewerkes Jaeger & Co. und der Maschinen- und Armaturenfabrik Schumann & Koeppe bei Protestmarsch und Ausflug nach Schönau, gelaufen 1911

Arbeiter der Armaturenfabrik Schumann & Co., gelaufen 1908

Leipzig-Plagwitz, Zschochersche Straße

Die Karte erinnert an den Brauer- und Mälzereid, den Carl Wilhelm Naumann (1792–1876) am 1. Mai 1828 ablegen musste. Damals war er noch Verwalter der Brauerei auf dem Rittergut Möckern. 1831 erhielt er die Genehmigung zur Errichtung eines eigenen Brauhauses.

linke Seite:
Die Naumann-Brauerei (rechts), Zschochersche Straße 79, Verlag von Karl Cramer, Leipzig, gelaufen 1930

Bierflasche der Naumann-Brauerei, um 1930

„Trinkzertifikat“ des Gasthauses „Naumann-Bräu“ am Neumarkt, um 1931

Zur

Jahrhundert-Feier

der

Brauerei C. W. Naumann

1828 · 10. Mai · 1928.

Singweise: „O alte Burschenherrlichkeit“

Wenn jemand hundert Jahre hat
Das Leben angesehen,
Der kennt das Schicksal doch ganz glatt,
Sein Kommen und sein Gehen.
Wenn aber ein Betrieb hielt stand
Einhundert Jahre unverwandt,
:|: Der hat der Welt bewiesen,
Wie gut die „Sachsen schießen“. :|:

Einhundert Jahre Brauerei!
Und der sie einst gegründet,
Ein Naumann war's, bald ward dabei
Das erste Faß gespündet.
Der Mensch braucht Bier, das ist bekannt,
Denn „flüssig Brot“ stärkt Herz und Hand,
:|: Das sagen die Gelehrten
und selbst die „ganz Gescherten“. :|:

Professor und der Studio auch,
Soldaten, Offiziere,
Sie füllen schmunzelnd sich den Bauch
Mit echtem Naumann-Biere.
Sie wischen sich den feuchten Bart:
„Das Bier ist delikater Art“!
:|: Drum feste an die Rampe!
Gießt emsig auf die Lampe! :|:

Es trinket an der Mutterbrust
Der Säugling froh und heiter,
Gewinnt am Trinken zeitig Lust
Und trinket später weiter.
Statt Milich wählt er später Bier,
Denn Bier ist Lebenselexier,
:|: Um der Gewohnheit willen
Trinkt oft man auch „im Stillen“. :|:

Gar viele denken, Pilsner Bier,
Das reinigt glatt die Nieren,
Und schimpfen, wenn die Wirte hier
Nicht stets das „Echte“ führen.
Doch wenn man sich's bei Tag besieht,
Ist's immer nur dasselbe Lied:
:|: Der Deutsche liebt das Fremde –
Sogar im eignen Hemde. :|:

Man schreit, daß Bier zu teuer ist,
Man könnt' es kaum bezahlen.
Am meisten schreit der, der vergißt
Der Steuer Höllenqualen.
Es schröpft der Staat das beste Fett,
Und auch die Stadt kann dies sehr nett.
:|: Es heißt bei Wirt und Brauer:
„Nur feste zahlen, Bauer!“ :|:

Der Vetter in Amerika
Hat einen Riesenfimmel,
Er meidet Alkoholika
Und träumt dabei vom Himmel.
Zum Himmel führt gar manche Straß',
Die eine trocken, diese naß
:|: Wir wandern nicht im Staube,
Uns hilft der rechte Glaube. :|:

Im Rausche tust du unbewußt
Doch sicher keine Sünden
Und wenn du keine Sünde tust,
Dann wirst du Gnade finden,
Und wenn du Gnade finden wirst,
Dann stehet dir, daß du nicht irrst,
:|: Direkt der Himmel offen.
Darum wird fortge – trunken. :|:

Drum, lieber Bruder, rat' ich dir –
Ich rate dir's im Guten:
„Trink' feste C. W. Naumann-Bier!
Ja, nütze die Minuten!“
Nur das, was man genossen hat,
Das findet seine rechte Statt,
:|: Und was man gießt daneben,
Das nützet nichts zum Leben. :|:

So laßt uns jetzt ein volles Glas
Auf **C. W. Naumann** trinken!
Ihr seht das Bier, hell wie Topas,
Im blanken Becher blinken.
Es mag die Naumann-Brauerei
Noch viele Jahre frank und frei
:|: Die edlen Biere brauen,
Stolz in die Zukunft schauen! :|:

Die Brauerei C. W. Naumann lebe hoch!

Liedtext zur Jahrhundertfeier der Naumann-Brauerei, 1928

unten: Leergutaufkleber, um 1930

S. 141–144:
Kartenserie zur Geschichte der Naumann-Brauerei, herausgegeben von der Naumann-Brauerei, 1928

Brauereigründer Carl Wilhelm Naumann (1792–1876), dargestellt 1828

Erinnerung an die Errichtung des ersten Brauhauses in der Kleinen Funkenburg, Ranstädter Steinweg 49, 1832

1842/43 wurde der (alte) Felsenkeller zur Einlagerung des in der Kleinen Funkenburg gebrauten Bieres gegraben. 1844 eröffnete über dem Felsenkeller der „Restaurationssaal“ mit Ausschank und Aussicht auf Leipzig.

1857 erwarb Naumann von Karl Heine das Grundstück Zschochersche Straße 79, ließ eine Brauerei darauf errichten und nahm dort am 3. Oktober 1864 den Brauereibetrieb auf.

Die Brauerei wurde mehrmals erweitert (1867 Eishaus, 1867/68 zwei Wohnhäuser, 1869/70 neues Sudhaus, 1871 neue Malztenne, 1874/75 fünf neue Lagerkeller, 1876 Kühlhaus, 1878 zweites Eishaus) und erhielt 1885 einen eigenen Gleisanschluss. 1899 erfolgte die Umwandlung in eine Aktiengesellschaft.

1890 eröffnete die Naumann-Brauerei den nach Plänen der Architekten August Herrmann Schmidt und Arthur Johlige errichteten neuen Felsenkeller mit Ballsaal. Außerdem betrieb die damals drittgrößte Leipziger Brauerei Gasthäuser wie „Zills Tunnel“, das „Naumann-Bräu“ am Neumarkt und das Varieté „Drei Linden“ in Lindenau.

Im neuen Sudhaus, 1928. Das Gebäude blieb nach dem Abbruch der Brauerei 2007 und 2017 erhalten und wird zu Wohnzwecken genutzt.

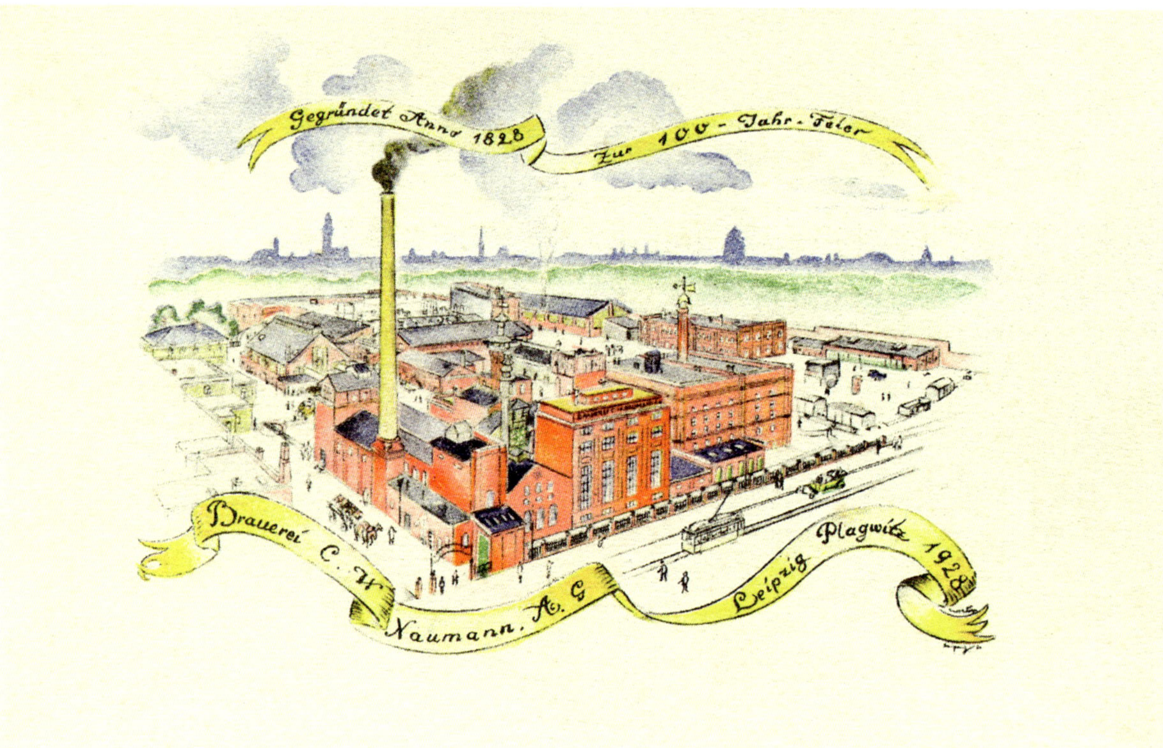

Naumann-Brauerei an der Zschocherschen Straße mit dem 1927/28 neu errichteten Sudhaus

Die Brauerei C. W. Naumann wurde 1946 enteignet und firmierte zunächst als VEB Naumann-Brauerei. Ab 1950 hieß das Unternehmen VEB Westquell-Brauerei Leipzig und später VEB Sachsenbräu Leipzig. 1990/91 endete die Unternehmensgeschichte unter dem Firmennamen Sachsenbräu AG. Vertreterkarte des VEB Westquell-Brauerei, 1950, und Bierdeckel um 1955 und um 1980.

PLAGWITZ IN DEN 1930ER JAHREN

Blick in die Karl-Heine-Straße von der Plagwitzer Brücke, gelaufen 1926, Kunstverlag Karl Fickenscher, Leipzig

linke Seite: Aufmarsch zum 1. Mai 1934 in der Merseburger Straße, an der Ecke Karl-Heine-Straße, im Hintergrund die Geschäfte der Gebrüder Sprung, Karl-Heine-Straße 71, und des Schuhmachers Emil Naumann, Merseburger Straße 38

Zschochersche Straße, Ecke Weißenfelser Straße, um 1930, Kunstverlag Karl Fickenscher, Leipzig

Die 1908 entstandene Eckbebauung Elisabeth-allee 16 (heute Erich-Zeigner-Allee), um 1930, Kunstverlag Karl Fickenscher, Leipzig

Weißenfelser Straße mit Blick zur Plagwitzer Kirche, gelaufen 1929. Links ist das Geschäftshaus von Christian Günther (Nr. 7) zu sehen und rechts der Abzweig der Forststraße. Aufnahme und Verlag Karl Cramer, Leipzig.

Am Felsenkeller, Anfang 1934 (gelaufen 1944), Verlag und Fotograf Adolph Richter, Leipzig-Lindenau

In der Karl-Heine-Straße reihte sich ein Geschäft an das andere, rechts die Nr. 83. Gastwirt P. Wagner schenkte dort das Berliner Bier Schultheiss-Patzenhofer aus. Die Karte lief 1929.

Karl-Heine-Straße mit Blick auf die Kreuzung Merseburger Straße, um 1932, Verlag Paul Vogel

Merseburger Straße unmittelbar vor der Kreuzung Karl-Heine-Straße, um 1932. Folgende Einrichtungen sind erkennbar: Herrenbekleidung Gebr. Sprung, Karl-Heine-Straße 71, Fleischerei R. Klotzsche, Karl-Heine-Straße 73, Friedensapotheke H. Wienhold, Karl-Heine-Straße 56, Gastwirtschaft „Feldschlößchen" (Inhaber E. Uhlig), Merseburger Straße 27. Die Karte erschien im Verlag von Paul Vogel.

Die 47. Volksschule Leipzig, Elisabethallee 24/26, 1937, Fotograf Adolph Richter, Leipzig-Lindenau

Das Umfeld des Felsenkellers, um 1930, Aero-Bild-Verlag, Leipzig

Oben und unten:
Max-Klinger-Schule,
Karl-Heine-Straße 22 b,
im Vordergrund die
Brücke über die Kleine
Luppe, herausgegeben
vom Verlag Trinks & Co.,
Leipzig, um 1930

Die 1927/28 nach Plänen von Hubert Ritter und Fritz Baumeister errichtete Max-Klinger-Schule (Höhere Mädchenschule), Karl-Heine-Straße 22 b, um 1932. Die Schule diente 1940 bis 1945 als Lazarett und 1972 bis 1992 als Pädagogische Hochschule. Seit 2021 dient der sanierte Komplex wieder als Gymnasium („Schule am Palmengarten").

Die 1930 mit einem Neubau erweiterte Turnhalle des Turnvereins zu Leipzig-Plagwitz, Schmiedestraße 12, Fotograph Adolph Richter, Leipzig

Erinnerungstafel an die Grundsteinlegung für die Turnhallenerweiterung am 13. April 1930

Richard Köhlers Gaststätte, Kolbestraße 2, Ecke Karl-Heine-Straße, um 1935, Verlag Ernst Assmus, Leipzig

Gasthaus „Zur Börse", Inhaber Fr. Voigt, Lauchstädter Straße 26, um 1935 (gelaufen 1951). Auf der Rückseite der Karte (Foto Paul Heidelberg, Leipzig) heißt es: „angenehmes Familienlokal, Vereinszimmer für 40 bis 60 Personen".

Restaurants und Gaststätten zählten auch in der Zeit zwischen den beiden Weltkriegen zu den beliebtesten Ansichtskartenmotiven und es gab wohl kaum eine Einrichtung, die nicht eine oder mehrere Karten drucken ließ. Um die Vielfalt der Angebote gegenüber der Konkurrenz hervorzuheben, wurden, wie zu Zeiten der Lithografie, häufig mehrere Motive auf einer Karte vereint, nun aber auf der Grundlage von Fotografien. Für einzelne Gasthäuser von Plagwitz ist auch die Herausgabe von Postkartenserien überliefert. Drucktechnisch fand alles Anwendung, was in dieser Zeit bekannt war, angefangen bei der Fotolithografie über Lichtdruck bis hin zu Fotokarten.

Ratskeller Plagwitz, Weißenfelser Straße 10, gelaufen 1935, Kunstverlag Max Blume, Oetzsch-Leipzig

Ratskeller Plagwitz, Gastraum, gelaufen 1937, Kunstverlag Max Blume, Oetzsch-Leipzig

Die 1928 neu errichtete Klinger-Brücke über das Elsterflutbett. Die 1929 gelaufene Karte erschien im Verlag Karl Cramer, Leipzig.

Die Firma „Leipziger Schiffsverkehr auf dem Elsterflutbecken“ von Fritz Raue bot ab Ende der 1920er Jahre Motorbootfahrten auf dem Elsterflutbett an, um 1932.

Gastwirtschaft „Zum Sonnenhof", Weißenfelser Straße 15, um 1935, herausgegeben vom Fotografen W. Postler aus Leipzig

„Gosenschlößchen", Alte Straße 6, um 1935 (gelaufen 1952), Fotograf W. Postler, Leipzig

Der um 1914 errichtete Neubau der Buchbindereimaschinenfabrik Gebrüder Brehmer, Karl-Heine-Straße 107–109, um 1935, Fotovervielfältigung H. C. Stöckel, Hannover

Verzinkerei, Wellblechwalzwerk, Eisenbau Grohmann & Frosch, um 1936. Im Vordergrund steht heute das 1937–1939 von der Firma errichtete „Stelzenhaus".

Buskonvoi zur Betriebsausfahrt anläßlich des 50-jährigen Betriebsjubiläums der Firma Grohmann & Frosch, 1939, Verzinkerei, Wellblech-Walzwerk, gegr. 1889, Weißenfelser Str. 65

Die Herstellung der schwarzweißen **Echtfotokarten** lief in langen rotlichtabgedunkelten Produktionsräumen ab. Die von den Original-Negativen der Fotografen hergestellten Drucknegative wurden dabei im Block von 30 bis 40 Stück auf Glasplatten montiert und mit Hilfe einer automatischen Belichtungsmaschine gleichmäßig belichtet. Auf einer Endlos-Papierrolle wurde je nach Bedarf die Anzahl der benötigten Druckbögen belichtet. Die Papierrolle durchlief die Belichtungsmaschine und die Fixierbäder und gelangte dann in den Trockenschrank. Nach dem einstündigen Trocknen wurde die Rolle wieder aufgerollt und später zum Schneiden der Druckbögen und Karten in die Schneideabteilung gebracht.

Zschochersche Straße, König-Johann-Brücke, links der Abzweig Merseburger Straße, gelaufen 1938

Zschochersche Straße, König-Johann-Brücke, kurz vor der Kreuzung der Jahnstraße (heute Industriestraße), um 1937

Das flächendeckende Ablichten von Häusern bzw. Straßenzügen und das anschließende Veröffentlichen ist keine Erfindung heutiger Tage. In vielen Städten, so auch in Leipzig, erschien in den Jahren 1934 bis 1940 eine **Echtfoto-Ansichtskartenserie mit hunderten Straßenkarten.** Über die Fotografen oder den Verlag erfährt man in der Regel nichts – nicht ohne Grund, denn die Leistungen waren nicht gerade werbewirksam. Gegenlichtaufnahmen, „stürzende" Linien, extreme Verschattungen oder Schlechtwetteraufnahmen waren an der Tagesordnung und zeugen davon, dass es schnell gehen musste. Für Plagwitz lassen sich ca. 20 dieser Karten mit der für diese Reihe typischen kursiven Aufschrift nachweisen.

Zschochersche Straße, links das Gasthaus „Wilhelmshöhe“, Naumburger Straße 2, gelaufen 1939

Blick von der Zschocherschen Straße in die Jahnstraße (heute Industriestraße), um 1937. Rechts sind die Gebäude der ehemaligen Landwirtschaftlichen Ökonomie Heines (heute Neubeubau Commundo-Tagungshotel Leipzig (erbaut 1993–1996 als Berufsbildungszentrum der Deutschen Telekom AG) zu sehen.

Ziegelstraße (heute Walter-Heinze-Straße) Richtung Karl-Heine-Straße, rechts die Weinstube „Zum Römer", Ziegelstraße 7, vorn Kaufhaus Joske, um 1937

Erdmannstraße mit der Kaffee-Großrösterei Max Richter (links Nrn. 6–10), um 1937

Blick in die Gleisstraße, rechte Seite heute neu bebaut, um 1937

Blick in die Nonnenstraße von der Jahnstraße (heute Industriestraße), links die heutige Industriestraße 34, um 1937

Naumburger Straße mit der Holzhandlung Max Pohle (Nr. 4, heute Neubau) und der Eisengroßhandlung Brügmann & Co. (Nr. 6), um 1937

Gießerstraße, Ecke Markranstädter Straße, mit Friseur-Salon Haugk, Gießerstraße 36, um 1937

Lebensmittelgeschäft H. Pulz, Wachsmuthstraße 12, gelaufen 1937

Wachsmuthstraße, Ecke Siemensstraße mit Schreibwarengeschäft E. Böhme, Siemensstraße 25, um 1937

Das 1935 errichtete Mehrfamilienhaus Karl-Heine-Straße 1, 1a–c und Nonnenstraße 2a, um 1937

Restaurant und Café Moltke, Inhaber Johann Braun, Kolbestraße 2, Ecke Karl-Heine-Straße, um 1937

Karl-Heine-Straße mit dem Schuhhaus Baer (Nr. 55) und dem Damenputz-Geschäft von Anna Schulz (Nr. 53), um 1937

Weißenfelser Straße an der Kreuzung zur Elisabethallee (heute Erich-Zeigner-Allee), um 1937

Plagwitzer Jahrmarkt
3
179
Plagwitzer Jahrmarkt
Plagwitzer Jahrmarkt
Alt-Plagwitz
Plagwitzer Jahrmarkt
8-163
DDR
3-206

Serie zum 5. Plagwitzer Jahrmarkt, Grafiken: Angelika Pohler, 1989

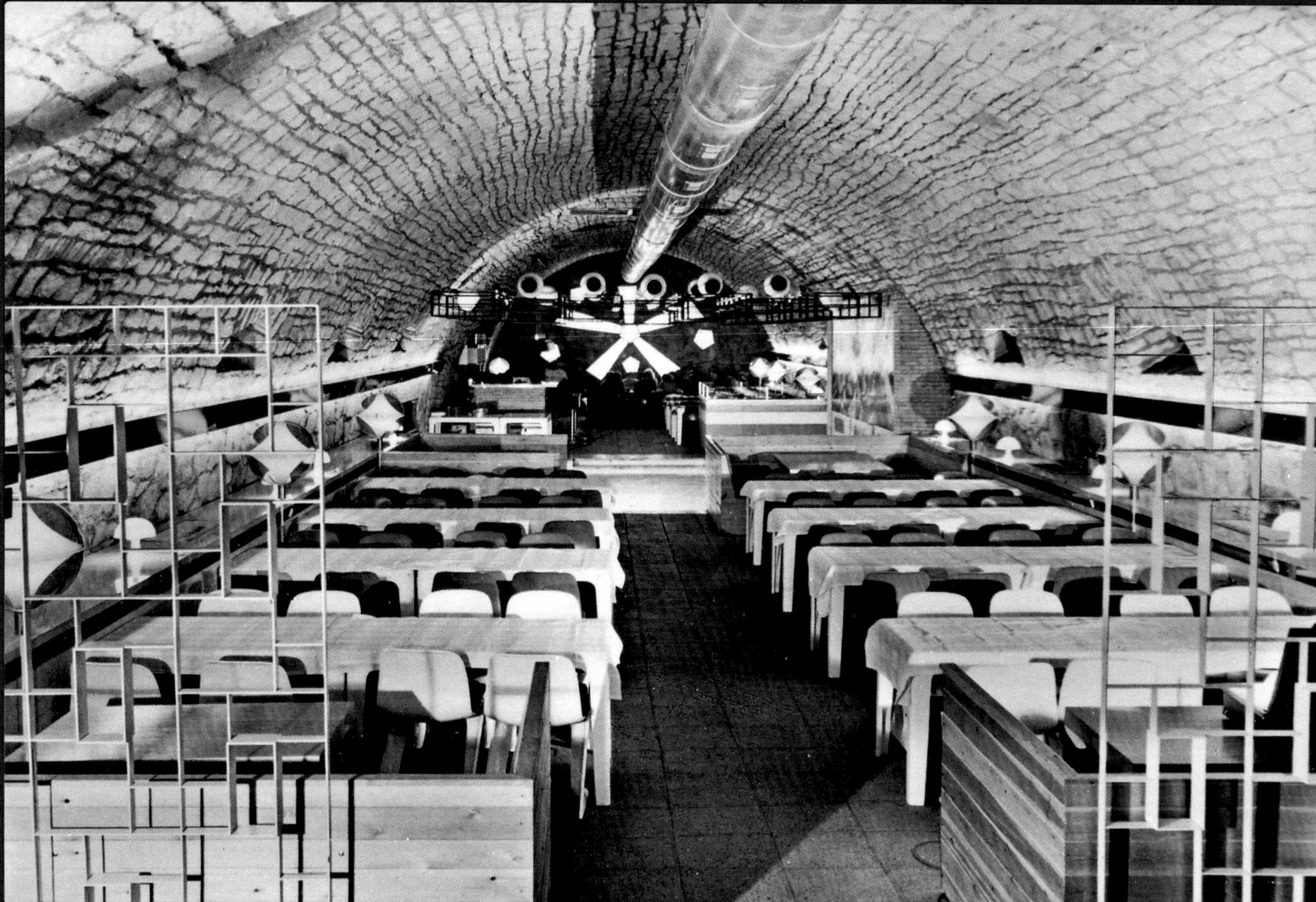

linke Seite: Der 1974
bis 1977 eingerichtete
Jugendclub „Victor Jara“ im
Gewölbe des alten Felsen-
kellers, 1978

Felsenkeller, Zschocher-
sche Straße und Bahnhof
Plagwitz 1992,
A. Krönert, Leipzig

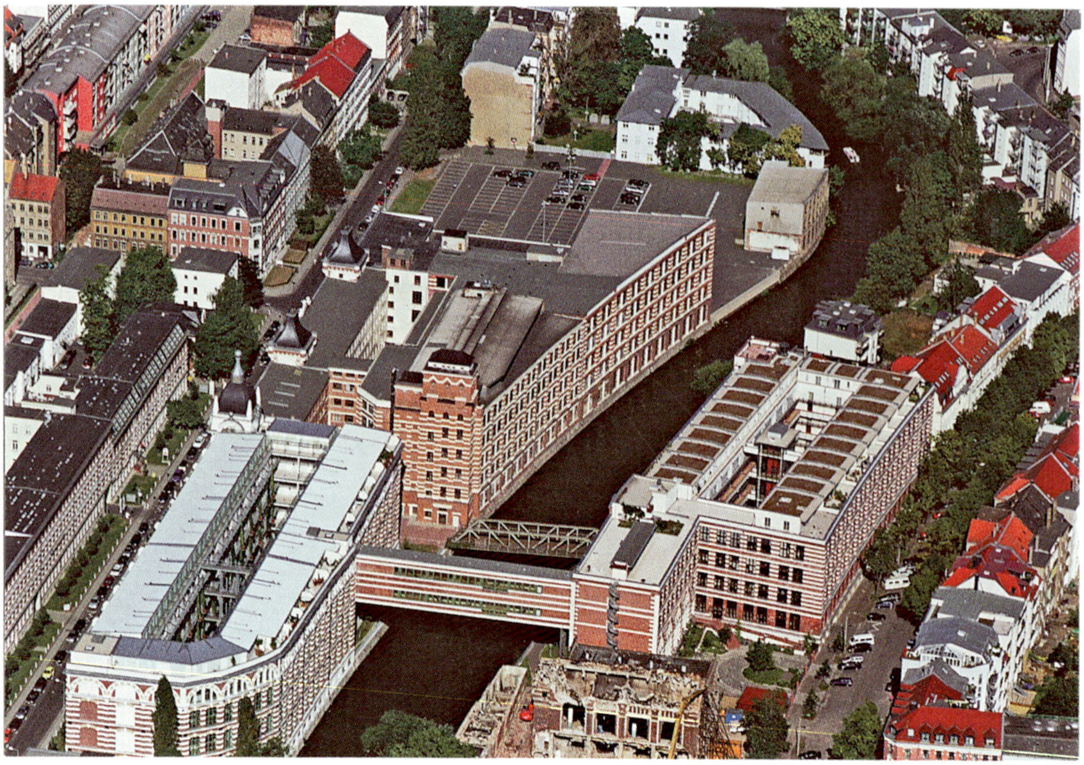

Die sanierten ehemaligen Buntgarnwerke beiderseits der Weißen Elster, um 2000, Foto: LVZ/Klaus Gloger

unten links: Ehemalige Buntgarnwerke an der Nonnenstraße, um 2000, Postkartenquadrat Leipzig, Fotografie Peter Franke (Punctum)

unten rechts: Partie auf der Weißen Elster an der Könneritzbrücke, Kunstverlag Brück & Sohn, Meissen, Foto: Gert-Michael Hoffmann

rechte Seite: Protest gegen den Abriss der Karl-Heine-Straße 30, Stadtforum Leipzig, 2004

2004: Abbruch des Baudenkmals Karl-Heine-Straße 30 am Felsenkeller
Das stattliche gründerzeitliche Mietshaus Karl-Heine-Straße 30 wurde 2004 abgerissen. Dank steuerfinanzierter Abrissförderung ließ sich damals mit dem Abbruch von Baudenkmalen Geld verdienen. Hier hatte die stadteigene Wohnungsbaugesellschaft trotz Mahnungen der Mieter notwendige Dachreparaturen im Wert von 1400 Euro verweigert, Kaufinteressenten mit überzogenen Preisforderungen abgeschreckt, verweigert und dann ohne Genehmigung des Landesdenkmalamts wegen baupolizeilicher Gefährdung den Abbruch im Handstreich durchgeführt. „Die Fläche würde danach schöner werden, als je zuvor." Dieser Abbruch war der letzte Auslöser für die Gründung des Stadtforums, um der fehlgeleiteten Politik einer systematischen Stadtzerstörung entgegenzustreten.
kl. Foto: Siegfried Kuntzsch, gr. Foto: Dave Tarassow

www.stadtforum-leipzig.de

10 JAHRE
Stadtforum Leipzig
für behutsamen Stadtumbau

0341 - 14 16 50 · www.culturtraeger.de

Wozu braucht man **heute noch Ansichtskarten?** Fast jeder trägt ständig ein Telefon bei sich. Milliarden Menschen in nahezu allen Ländern der Welt kommunizieren täglich über E-Mails, SMS, WhatsApp und soziale Medien. Eine Ansichtskarte, deren Versand auch noch Geld kostet, passt nicht mehr in den Alltag. Allenfalls aus dem Urlaub schickt man sie noch als nostalgische Geste und authentischen Beleg der Anwesenheit. Dabei hätte Plagwitz – nach Jahrzehnten des Verfalls – heute wieder einiges auf Ansichtskarten zu bieten: prächtige Mietshäuser und Villen, große, sanierte und umgenutzte Industrieanlagen, Freizeitvergnügen auf und an Karl-Heine-Kanal und Weißer Elster, Restaurants, Kultureinrichtungen und vor allem Urbanität.

Liebe Leserinnen und Leser,
Autoren und Herausgeber möchten sich für die Unterstützung
der vorliegenden Publikation herzlich bedanken.
Ohne diese Mitwirkung fänden die Bemühungen um die Aufarbeitung
und Dokumentation der Ortsgeschichte von Plagwitz
nicht die vorliegende würdige Form der Veröffentlichung.

MIB Projektentwicklung GmbH
Weißenfelser Straße 65 G,
04229 Leipzig

Steuerberater
Hartmut Ruch
Karl-Heine-Str. 25
04229 Leipzig

CDS Gromke e.V.
Wachsmuthstraße 3
04229 Leipzig

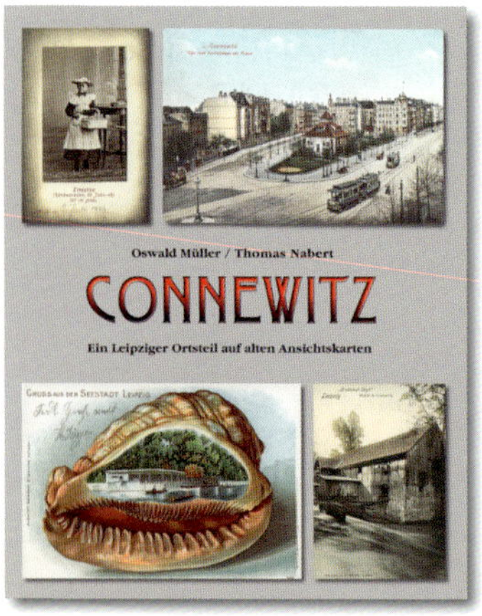

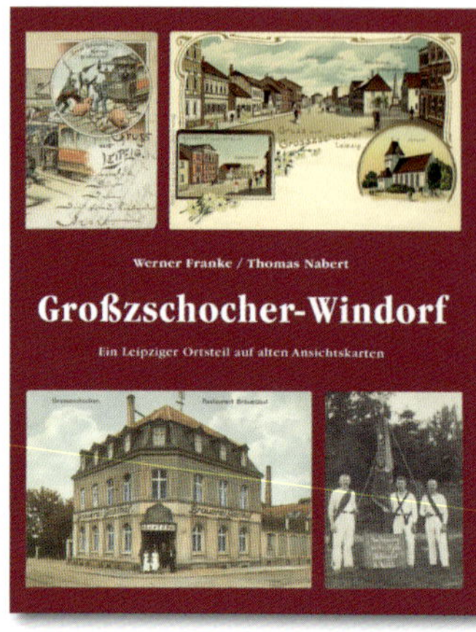

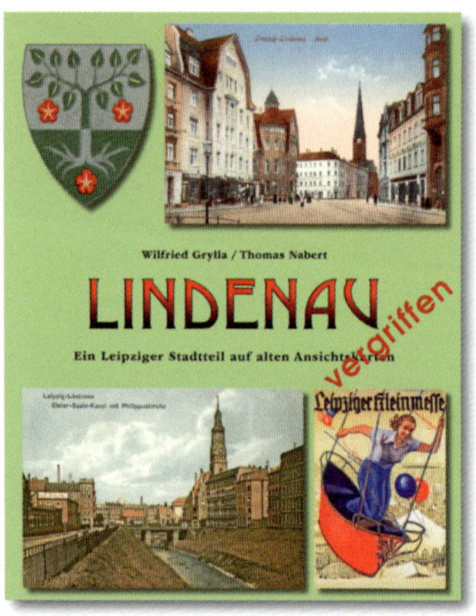

Ansichtskartenbücher von *PRO* LEIPZIG

Die universelle, fast uneingeschränkte Verwendbarkeit ließ Ansichtskarten zu einem Spiegel gesellschaftlicher Verhältnisse, zu einem Stück Kulturbild und Zeitgeschichte werden. Im Unterschied zu archivierten Bildquellen „liefen" Ansichtskarten unterm Volk und fanden vom Ende der 1890er Jahre bis Anfang der 1990er Jahre massenhafte Verbreitung. In vielen Nachlässen finden sich Beispiele dieser kleinen Kunstwerke. Sammler haben zu bestimmten Orten über Jahrzehnte einzigartige Bestände zusammengetragen. Etliche Ansichten offenbaren verschwundene Ortsbilder oder Details, die Fragen aufwerfen, Recherchen auslösen oder ein Fenster in die Vergangenheit öffnen. Sie können zu interessanten Geschichten führen, die in bisherigen Darstellungen kaum Aufnahme fanden und vielfach eine willkommene Ergänzung der „großen Geschichte" sind.

Neben Ansichtskartenbüchern erschienen bei *PRO* LEIPZIG seit 1990 ca. 360 weitere Publikationen: Sachbücher, Bildbände, Lexika, Wanderführer u.v.m. Informieren Sie sich: www.proleipzig.eu. Sie erreichen uns (Di und Do) in der Bernhard-Göring-Straße 152, 04277 Leipzig, Tel.: 0341 980 18 04.

NEULINDENAU
LINDENAU
PLAGWITZ
87
04177
04229
Karl-Enders-Sportpark
R.-Schumann-Gymn.
Henriettenpark
Tapetenwerk
kath.-apostol. Gmde.
Helmholtzschule
Philippus-K.
Karl-Heine-Schule
Schaubühne Lindenfels
Lindenau
Altenpflegeheim
Lindenau Busbf.
Kunstkraftwerk
Gießerbrücke
Aurelienbrücke
Jahrtausendfeld
Friedrich-August-Brücke
König-Albert-Brücke
Saalfelder Brücke
Liebfrauenkirche
GaraGe
Weißenfelser Brücke
Da Capo
Stelzenhaus
Karl-Heine-Bogen
Stadtteilpark Industriestr.
Karl-Heine-Kanal
Plagwitz
S-Bf. Plagwitz
Kanal 28
Baumwollspinnerei
Friedhof Plagwitz
Gleis-Grün-Zug
Röckener Weg
Bürgerbahnhof Plagwitz
Wilder Westen
Gewerbegebiet Plagwitz
Baumarkt
Täubchenthal
ehem. Kammgarnspinnerei
Schule am Adler
Lützner Str.
Saalfelder Str.
Karl-Heine-Str.
Antonienstr.
Zschochersche
Naumburger Str.
Markranstädter Str.
Limburger-str.
Siemensstr.
Gießerstr.
Engertstr.
Industriestr.
An d. Konsumzentrale
Weißenfelser Str.
Aurelienstr.
Merseburger Str.
Spinnereistr.
Alte Salzstr.
Saarländer Str.
Thüringer Str.
Zollschuppenstr.
Klingenstr.
Wachsmuthstr.
Adler